给爸爸妈妈的
儿童性教育
指导书

明白小学堂 著绘

儿童性教育 其实很简单

中信出版集团 | 北京

图书在版编目（CIP）数据

给爸爸妈妈的儿童性教育指导书 / 明白小学堂著绘
. -- 北京：中信出版社，2019.6（2021.11 重印）
ISBN 978-7-5217-0485-3

I. ①给… II. ①明… III. ①儿童教育－性教育
IV. ① G479

中国版本图书馆 CIP 数据核字（2019）第 081471 号

给爸爸妈妈的儿童性教育指导书

著　　绘：明白小学堂
出版发行：中信出版集团股份有限公司
（北京市朝阳区惠新东街甲 4 号富盛大厦 2 座　邮编　100029）
承 印 者：北京启航东方印刷有限公司

开　　本：787mm×1092mm　1/32　　印　　张：7　　字　　数：144 千字
版　　次：2019 年 6 月第 1 版　　印　　次：2021 年 11 月第 8 次印刷
广告经营许可证：京朝工商广字第 8087 号
书　　号：ISBN 978-7-5217-0485-3
定　　价：49.80 元

推荐序

儿童性教育从这本书开始

育儿专家 张思莱

中国性学会理事长徐天明曾说，中国的性盲比文盲还多。

从 2013 年开始，儿童性侵犯案件在全国爆发，随着大量事件的曝光，社会开始意识到性教育的紧迫性和重要性，对性教育的态度也有了转变。

这种转变，是令人欣慰的。

但在和诸多家长的日常接触中我发现，仍有很多家长未教孩子性知识，大多是因为不知道该怎么教，因为他们也缺乏性知识；还有家长认为孩子还小，没必要，或觉得不好意思开口；更有一些家长认为，“性”这件事仍是上不了台面的，谈“性”是一件羞耻的事情。

任何教育，父母都是孩子的第一任老师，性教育自然也不例外。尤其在 0~6 岁阶段，孩子的性教育尤其依赖于家庭教育。如果家长对“性”都遮遮掩掩，孩子又怎能得到健康性教育的机会？

因此，性教育的关键不在孩子，而在于父母呀！

当看到明白小学堂著绘的这本书时，我特别高兴。现在有关性教育的书很少，而专门给父母的专业性教育指导书籍更是少之又少。

这本专门为爸爸妈妈而写的性教育书，会帮助家长通过以下几个部分的学习，来全面了解性教育的相关知识，即：

- 全面认识儿童性教育，并给予沟通方式上的指导，掌握正确方法；
- 学习了解包括儿童性心理和生理发展的全部理论内容；
- 从整体认识儿童性发展；
- 0~6 岁儿童性发展过程中的具体问题；
- 预防儿童性侵犯的相关内容：“爸爸妈妈应该知道的事”“爸爸妈妈应该做到的事”“爸爸妈妈应该教给孩子的事”。

除此之外，还结合了父母最关心的性教育问题，并提供了针对性的案例分析及应对措施，让父母学会以适当的方式和正确的态度为孩子解答各种有关“性”的疑问，如：

- 对孩子何时说“性”，该如何说，说多少才合适？
- 如何避免与孩子谈“性”时陷入尴尬？
- 如何选择和使用性教育绘本？

……

这是实实在在地帮父母解决问题，让父母将性知识自然、准确地传递给孩子，帮助孩子们像认识其他器官一样认识阴茎、阴囊、阴道、子宫等生殖器官，并懂得要保护好这些器官，也使父母获得了其他性教育知识：性别教育、价值观教育、生理教育、心理教育、自我保护教育和生命教育等。

但这并不是一本枯燥的专业科普书籍。这本书提炼了世界上主流的儿童性教育理念，将性教育的理论背景进行简洁的阐述，不再机械性地传递“完全正确”的性知识，内容妙趣横生又让人印象深刻！

慢慢家长会发现，和孩子们讨论“性”也是一件有趣的事情：

- 突破了自己的羞耻感后，跟孩子大方谈“性”反而收效很好；
- 进行性教育时不用隐晦的词语，也可以很好地和孩子交流；
- 一味地禁止和孩子谈“性”并不能解决问题，反而是一种诱惑；
- 性教育一定是要分年龄段的，孩子一天天长大，对于“性”的探索，也在一天天地增多，需要了解他们行为后面的好奇和渴望，才能更好地帮助他们完成性的启蒙课。

……

希望这本书能帮助中国的万千家长开启儿童性教育之门！

前言

儿童性教育的钥匙
在爸爸妈妈手中

随着儿童心理学的发展，年轻一代的爸爸妈妈越来越关注孩子的成长。面对日益增多的儿童性侵犯事件的报道，儿童性教育已经逐渐成为一个备受关注的问题。

一些爸爸妈妈因为经历过学生时代的“生理卫生课”，对那种遮遮掩掩的教学方式并不满意——非但没有讲清楚青春期的困惑，有时还给性心理带来了不少负面影响。因此，他们越来越希望在面对自己孩子的成长时，可以科学地、正面地去回答孩子的问题。

也有一些爸爸妈妈在面对这些令人“难以启齿”的问题时，心存疑虑:“我自己都不太明白，要怎么和孩子讲呢?”“即使我们知道，又应该讲到什么程度才适合呢?”“过度讲解是不是会产生负作用呢?”大家对儿童性教育有一种无法掌控的焦虑感。

当然还有一些爸爸妈妈，希望把儿童性教育的责任完全交托给学校和老师，他们希望能有一本书，在孩子出现问题与疑惑时，可以直接摆到孩子面前，帮助孩子“自学成才”。

现在，大部分父母已不再谈“性”色变，把性与低俗、下流画等号的人更是少之又少。然而，在很多人的观念中仍然存在一些明显误区。这些误区阻碍着家庭性教育的开展，尤其是在学龄前的性教育启蒙阶段。

这本书名为《给爸爸妈妈的儿童性教育指导书》，正是希望可以从误区的源头解决一些关键问题，而这些问题中最常被大家忽略的一点就是：

> **“性教育，尤其是性教育的启蒙，**
> **爸爸妈妈才是孩子的第一位老师。”**

与身体其他方面的发育成长一样，儿童性心理与性生理的发展从受精卵时就已经开始。同时，学龄前阶段的儿童心理发展也是一个人成长过程中变化最快、最为重要的阶段。因此在孩子进入幼儿园、小学之前，能够给予他们性教育启蒙的，其实只有爸爸妈妈。

儿童心理学是一门发展的科学，儿童性教育也是一门随着时代变化不断发展的课题。人们对于性的研究及态度，共同决定了不同时代人们对性教育的态度与观点。曾经主流的观点可能随着新的科学发现而被否定，人类社会中一些观念态度的改变也会让我们重新审视性教育的问题。

在如今这个时代，性教育不再只是照本宣科地回答孩子几个关于身体的问题。爸爸妈妈要了解更多性教育的内容，如：

- **性教育到底包括哪些内容**

  - 性教育就是认识性器官的教育吗？
  - 预防性侵犯教育就是性教育吗？
  - 青春期性教育才是重要的性教育吗？

如何选择适合自家的方式进行性教育

- 性教育就是让孩子自己看书吗?
- 性教育是给孩子读绘本吗?
- 性教育只是妈妈的事情吗?

如何去看待孩子在成长过程中的变化

- 性教育可以帮助你了解孩子的成长过程。
- 不是所有孩子的“问题”都需要解决。
- 有时候父母只需做到的是陪伴与耐心等待。

如何有效预防儿童性侵犯

- 预防儿童性侵犯到底是给谁的教育?
- 如何让孩子对性侵犯者说“不”?

爸爸妈妈还需要懂得，性教育就像所有家庭教育一样，没有一种标准答案，性教育也不只是有关个人身心健康的知识性教育。只要懂得越多，就越能找到一套适合自己家庭的性教育解决方案，而不再被各种理论所局限，不知所措。

尽管如此，我们仍然认为性教育其实是一件非常简单的事情。只要用心阅读过本书就会发现，爸爸妈妈并不需要掌握太多高深的内容，仅仅记住一些基本原理以及实施原则，就可以在家中顺利进行性教育。

本书综合提炼了世界上主流的儿童性教育理念，努力将性教育的理论背景进行简洁的阐述，不再机械性地传递“完全正确”的性知识（因为任何理论都有局限性）。

更重要的是，考虑到国内社会文化的特点，以及中国爸爸妈妈更加关心的问题，本书将尝试在先进的性教育理念下，探讨出符合中国国情的性教育指导原则。

最后，衷心希望这本书可以成为爸爸妈妈开启儿童性教育之门的一把重要钥匙。

目录

3 “性”从受精卵开始

儿童性发展的规律与儿童心理及生理发展规律一样，在不同时期有不同特点。

4 从出生开始的性教育（0~3 岁）

“性”伴随人的一生，儿童性教育从出生后就已经开始。在人生最初的三年里，孩子已经可以学到很多。

5 好奇心宝宝的性问题（3~6 岁）

充满了无限的好奇心是这个阶段孩子的最大特点，这里有他们最关心的那些问题。

6 勇敢说“不”，远离儿童性侵犯

避免儿童性侵犯发生的第一道保护盾来自爸爸妈妈对儿童性侵犯的了解。

7 学会解决自家孩子的问题

用具体案例和电影帮助理解儿童性教育。

爸爸妈妈最关心的22个问题

本　　书　　使

1 爸爸妈妈是最重要的性教育老师
2 性教育的沟通指南

3 “性”从受精卵开始
4 从出生开始的性教育（0~3 岁）
5 好奇心宝宝的性问题（3~6 岁）

本书一共包括 7 章，可分为 4 大部分。

□ 白色部分包括第 1 章和第 2 章。帮助爸爸妈妈全面认识儿童性教育，并给予沟通方式上的指导，掌握正确方法，为下面的学习做好准备。

■ 红色部分是本书的主体内容，包括儿童性心理和生理发展的全部理论内容。第 3 章为理论总述，帮助爸爸妈妈整体认识儿童性发展。第 4 章和第 5 章分别详细分析 0~3 岁及 3~6 岁儿童性发展过程中的具体问题。

■ 蓝色部分为第 6 章，分三个方面介绍预防儿童性侵犯的相关内容，即“爸爸妈妈应该知道的事”“爸爸妈妈应该做到的事”“爸爸妈妈应该教给孩子的事”。

■ 灰色部分为第 7 章。这一章归纳出解决一般性教育问题的简单实用的方法。并通过案例分析帮助爸爸妈妈理解和运用这种方法，真正做到解决自家孩子的问题。

用 指 南

6 勇敢说“不”，远离儿童性侵犯

7 学会解决自家孩子的问题

本书专门为帮助爸爸妈妈全面了解儿童性教育而撰写。在具体运用本书内容进行家庭性教育时，可以配合使用相关绘本图书。我们在书中用符号进行标识，父母可以根据相应指导选择适合的辅助图书。希望爸爸妈妈可以耐心、按顺序阅读书中理论内容。书中尽量用图形或思维导图方式展开，尤其是理论部分，目的是帮助爸爸妈妈更好理解，融会贯通。

在目录中，我们也将父母在性教育中最感兴趣的问题集中在一起，可以直接翻阅至相关页面找到答案。跳跃阅读看似可以帮助读者解决个别问题，但我们仍然希望爸爸妈妈可以完整阅读本书，更加系统地了解儿童性教育。

本书在最后附上详细的参考书目与资料，以及一些图书推荐，希望可以帮助爸爸妈妈进行本书之外的延伸阅读与学习。

先来做个小测试吧！

对于性教育
你是否有过这样的想法？

纯洁派

- 儿童心理不成熟，一旦进行性教育将产生副作用。
- 小时候尽量隐瞒，反正长大后自己就会了。
- 如果不去谈论，孩子就会永远不知道，永远“纯洁”。

中立派

- ☐ 被孩子突然问到，用含糊的内容回答孩子的问题，哪怕自己也不知道对错。
- ☐ 孩子不问就不教，到了年龄自然就会懂了，学校里也会教的。
- ☐ 我自己不会讲也不好意思讲，我买书给孩子让他自学。

激进派

- 性教育的启蒙很重要，孩子懂得越早越多就越好。
- 西方在性教育方面进步很多，所以我要完全照搬西方相关书籍来教孩子。
- 书里讲的都是对的，要完全按照书中步骤来进行，哪怕和自己的习惯很不相符。

你可能不完全属于上面任何一派，但或多或少有过其中一两种关于儿童性教育的看法。在这些看法中，有些是由于父母本身性教育的缺失，有些则是由于父母过度焦虑，但终究是因为对性教育知之甚少。

对于纯洁派

“毫无知识根据的天真烂漫不但是一种过于脆弱的东西，不值得保留，并且是一种极危险的东西，尤其是对女子，其危险所在，就正因为它没有知识的依据。”

——霭理士《性心理学》P532

对于中立派

“无论你把那神仙故事讲得怎样天花乱坠，你的小孩子不久便会因一己的聪明或别人的告语，而发现你撒了一个大谎；他问的原是关于他的经验里一点简单的事实，你答的却是一派神话，不就等于撒谎么？”

——霭理士《性心理学》P544

对于激进派

适时适度是性教育最重要的原则，与社会文化宗教背景相融合更是性教育的特点。性教育不仅是个人的教育，也是社会性的教育。

无论现在持有哪一种想法，我们都希望爸爸妈妈知道：

儿童性教育并不难，

只要你不去忽视或轻视它。

1

爸爸妈妈是最重要的性教育老师

家庭性教育中父母的形象

知识贫乏，对孩子关于性的问题不闻不问。被孩子问到时不知道如何解答，常常搪塞过去。过后也不会为孩子的问题寻找答案。

孩子常常“自学成才”。如果孩子在成长过程中没有遇到挫折，则看不到这类不作为型父母的明显影响。但是一旦发生问题，往往为时已晚，父母也无法给予帮助。

对性知识一知半解，过于焦虑或紧张。

关于性侵犯事件报道很多，但对于个案的过分担忧会影响到一些父母对周围社会环境的判断，对一些性知识、性观念缺乏系统的认知，不会从儿童发展的角度看待性生理和心理的变化。父母的片面理解、机械化操作，都可能造成不适当的性教育。

知识较为丰富，虚心而不武断。

知道自己对于孩子的问题了解有限，所以不会逃避问题或者过多干涉。与孩子彼此信任，如有问题发生，孩子才愿意与爸爸妈妈主动交流。

在现代家庭中，第一种类型的父母已经越来越少。随着社会进步，人们对性教育的认知逐渐加深，新时代的爸爸妈妈也越来越了解性教育的重要性。

但是，很多性教育理论的观点相互冲突，有些表述也过于武断。这些情况都给第二种类型的父母带来强烈的焦虑感。

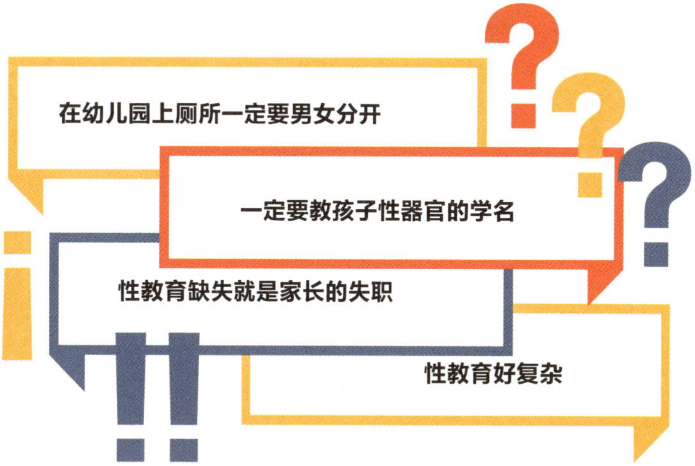

性教育很重要，但是性教育并不复杂。如果父母能够抽出一点时间，多了解一些关于儿童性教育的知识，而不是只把性教育当作孩子会自己学习的内容，那么就会有越来越多的父母成为第三种类型的家长，儿童性教育会成为增进父母与孩子之间连接的重要纽带。

打破性教育中的常见误区

人们关于性教育的误区很多来自从小接受的性教育，以及一些传统但错误的性观念。**打破这些误区，重新认识性教育，才能做好性教育。**

抵触或回避型误区

性教育会让孩子提早接触性

研究显示，适当的性教育可以帮助儿童延迟初次性行为的时间，也可以降低性行为的危险。如果同时强调性价值观教育，则可对儿童成人以后的性生活给予有益影响。

不知道如何回答就回避或者提供错误答案

回避的态度很可能会激发出孩子更多的“性”好奇心。孩子会通过其他渠道获得信息，包括很多不正确的信息。

开始时间型误区

✗ 等孩子做好准备再说

孩子每一天都在成长，性心理和性生理的发展也不例外。孩子需要来自父母的指导。需要做准备的并不是孩子，而是爸爸妈妈——要尽早了解性教育知识。

✗ 入学以后由学校进行性教育

6 岁前是儿童心理发展的重要阶段，会形成基本的性观念。这个阶段爸爸妈妈才是孩子性教育的老师。即使入学之后，在健康的家庭关系中，孩子也更愿意和父母交流关于性的话题。

✗ 进入青春期才需要性教育

青春期才考虑性教育的父母，一般从来没有和孩子谈论过“性”。孩子进入青春期以后，这些父母更不知道如何解决孩子的疑问，大部分会选择让孩子自己看书学习。

不懂性教育的父母如何选对书是一个问题，更可惜的是，父母也失去了了解孩子的好机会。

理论缺乏型误区

✗ 混淆成人的性与儿童的性

儿童的性活动与成人的性行为有很大区别。儿童期的健康性活动是正常而且必要的。如同婴儿需要练习抬头、翻身、坐立一样，儿童期性发展是一个连续的、不断探索练习的过程。

有的父母认为孩子摸生殖器或者自慰与成人的性行为是一样的，看到后非常恐慌，甚至会马上制止和批评，这对儿童性心理会造成伤害。这种伤害有时会在成人以后或者遇到特殊问题时显现出来。

儿童期就像是成人的花蕾期，没有儿童期健康的性活动，就不会有成人期成熟健康的性观念，甚至性行为。

✕ 混淆性教育与预防性侵犯教育

性教育越来越受到人们重视，与此同时，媒体曝光的性侵犯事件也越来越多。伴随这些报道的往往是关于性教育必要性的内容，但是这些内容主要集中在预防性侵犯上。这让很多父母误以为防止儿童遭受性侵犯就是性教育的全部。然而，预防性侵犯只是儿童性教育的一个方面。

✕ 混淆儿童性教育与阅读儿童性教育绘本

儿童性教育绘本是在进行儿童性教育时的一种教育辅助素材。不过，阅读儿童性教育绘本不是唯一的性教育方式。

父母在购买儿童性教育绘本之前，至少需要知道什么样的绘本适合自己的孩子，以及如何与孩子一起阅读。尤其要注意的是，市面上已有的儿童性教育绘本，由于作者来自于不同的国家，具有不同的性价值观、教育观，所以这些绘本不一定适合所有的孩子。

儿童性教育是孩子与父母需要共同接受的教育。它不只是孩子单方面接受的知识型教育，也是父母对儿童性知识进行学习，不去干扰儿童性发展的自我教育。

儿童时期，孩子的认知结构比较简单，比较容易进行性教育，形成基本认识。

成人以后，认知结构变得复杂，抽丝剥茧找到问题根源则要费力很多。

性教育越早进行越好吗?

人们对世界的认知是从小一点点建立起来的。最初的概念虽然很基础，但却是最根本的。这些概念与观念决定了长大以后人们对世界的认知。

应首先确定性教育中最基本的概念与观念，比如性别的自我认知、隐私概念与边界，以及对性的态度与观念。若错过最佳时期，较晚开始，则只能在一个人相对复杂的认知中去尝试建立新的观念或者改变原有看法。

“尽早进行”并不代表灌输性知识，而是通过成人日常的行为给孩子进行观念的传递。我们将在之后章节中具体讲解。

如果错过最佳性教育开始时间怎么办?

即使错过最佳开始时间，也不要因此放弃开始。当我们意识到性教育的重要性与必要性时，就要开始观察自己的孩子，并有意识地去关注孩子的性发展程度。

错过并不意味着孩子已经完全缺失性教育，他们可能通过其他途径对性知识有所了解（当然，这些了解也很有可能是不准确的）。所以父母要有意识地和孩子聊一聊。

在这本书中，我们会告诉父母一些开始的时机与技巧。但也有个别情况（如憋便），可能是父母的错误处理导致孩子表现得愈发异常。在这种情况下，父母要及时停止错误的态度与处理方式，投入更多耐心，帮助孩子回归正常的发展轨道。

总之，任何时候都可以开始性教育，但前提是父母需要对性教育了解更多。

家庭性教育时间表

因为儿童的认知水平是不断发展的，所以每个阶段的性教育方式都有每个阶段的特点。0~3 岁阶段容易被父母忽视，是因为我们传统理念中的教育是“说教”。但是性教育不只是“说教”的单向教育。

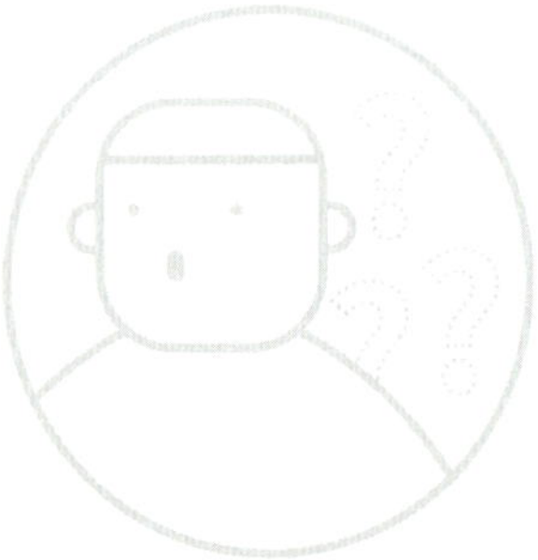

0 岁　最常被父母忽略的黄金阶段　3 岁　提问升级的快速成长阶段　6 岁

- 父母行为和态度，单向教育为主
- 亲子间提问回答、互动式教育

0~6 岁性教育

基本性观念形成的时期。对自己的认知与对社会关系的认知主要来自家庭的影响。

此外，每一对父母都要反思自己的成长过程，尽量不要让原生家庭对自己的负面影响延续到下一代。

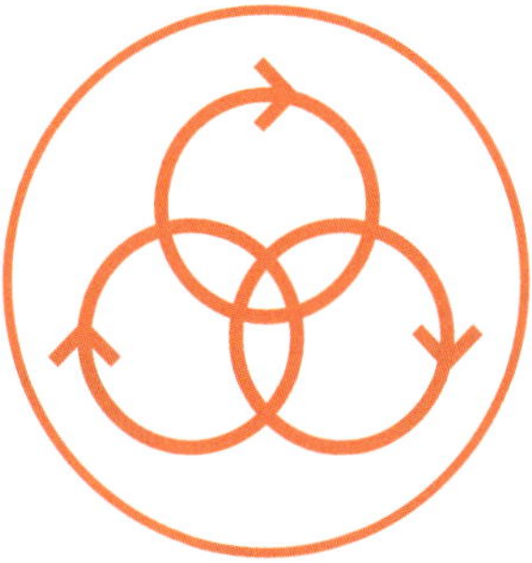

系统学习及自我定位阶段 **青春期**

健康的性心理影响一生 **成人**

- 亲子共同交流，探讨式教育

青春期前及青春期性教育

学校教育与家庭教育共同发挥作用。来自同伴等社会关系的影响增加。

- 宽容、理解、支持

静待花开

儿童性教育像栽花，成人以后的性观念与性健康则是结果。爸爸妈妈在孩子成人以后要尊重孩子的选择。

性教育包含的内容

我和我的身体

我的身体是如何工作的？我从哪里来？——**爸爸妈妈如何回答这些问题。**

我的家与亲密关系

我爱我的爸爸妈妈

我喜欢交朋友——

爸妈妈如何帮助孩

建立亲密关系。

如何对别人说“不”

学会如何拒绝。我的隐私部位不能随便给别人看——**爸爸妈妈告诉孩子正确预防性侵犯的方法。**

我要学会表达与沟通

我有时很开心，有时很难过。我愿意想办法交流、协商解决我遇到的问题——**爸爸妈妈如何帮助孩子学会沟通技巧。**

我的性好奇心

对自己身体的性探索是自然的——**爸爸妈妈如何帮助孩子理解隐私，以及如何看待孩子的性游戏。**

我们的不同与相同

无论男孩还是女孩，无论黄皮肤还是黑皮肤，无论健康还是残疾，都应该得到尊重——**爸爸妈妈如何让孩子理解世界的多样性与平等观。**

什么是恰当的性教育

全世界在性教育的方法上没有完全统一的观点，对恰当的性教育应该包括哪些内容的看法并不一致。这是因为，人们对什么样的性教育是有效的，以及对性教育的结果的期待不完全相同。

1 性知识的教育

最初，性教育是一种预防机制的**“性健康教育”**。这种性教育认为，只要告诉孩子如何避免不安全的性行为，就能减少过早的性行为和早孕。但就像预防火灾一样，如果孩子没有认识到火灾的危险性，只知道灭火的步骤，那么并不会减少火灾的发生。

2 性价值观的教育

现在西方主要提倡的性教育是“**全面性教育**”，也就是在性知识教育的同时，还要进行性价值观的教育。只有当一个人有成熟的性价值观时，他才能从根本上对自己、对他人负责。

性教育是指，采取适合一定年龄、具有文化相关性的方式，通过提供在科学意义上准确的、真实的、不带任何评判色彩的信息，传授有关性和人与人之间关系方面的知识。性教育为一个人提供了探索自身价值观和态度的机会，有助于培养其对有关性的诸多问题做出决策、进行交流和减少风险的能力。

3

无论是**性健康教育**还是**全面性教育**都是在告诉孩子如何进行安全性行为。但一些保守团体认为这两者都过于将性公开化，没有态度鲜明地去制止婚前性行为。因此，有人提倡**“杜绝婚前性行为”的性教育**。

这种性教育观点存在夸大性行为结果的问题，加深了人们对性的负面认知，影响长期的性心理健康发展。

什么是恰当的性教育?

在传递正确的**性知识**与健康的**性价值观**时，需要采取**多样化的教育方式**，不仅是单向地传递知识，也要从个人的角度考虑，内化到自己身上。对于未成年人（18 岁以下），要**强调延迟**发生性行为的年龄。同时也要告诉孩子如何进行安全性行为。

性教育的基本原则

适时适度

不同年龄的孩子性心理发展程度不同，性教育的内容也不同。因此，不要教给孩子超过他们理解能力的性知识，也不要机械地照搬书本上对性教育年龄阶段的划分。每个孩子都是独立的个体，有各自的成长节奏。父母需要关注、了解自己的孩子，选择适合的方式与内容。

科学准确

用科学准确的态度进行性教育，不躲避、不含糊其辞。

很多父母不知道如何给孩子进行性教育，一是因为自己也不知道问题的答案，二是因为不知道是否可以直接讲出答案来。

前一类，如果父母自己不知道，就要告诉孩子不知道，然后和孩子一起寻找答案。后一类，即使父母自己讲错了也没关系，及时纠正就好。

关注文化背景

性在不同文化背景下有各自特有的解读方式。

比如对非异性恋的看法，不同国家和文化下都有自己的角度，并没有唯一的答案。再比如，对生殖器官使用学名来称呼，我国现在也没有西方社会那么普及，因此要根据自己所处情境去选择。

涉及人际关系

性教育不仅是个人的问题，还包括人与人之间由性产生的其他外延问题。

比如性侵犯的发生不只是孩子个人的问题，也关系到如何对别人说“不”。又比如进入青春期以后，需要强调延迟性行为年龄的问题，这不仅关系到个人，更是整个社会的问题。

性教育的目标

既然性教育包括很多方面的内容，那么我们进行性教育的目标又有哪些呢？在进行性教育时，要对我们的教育目的有所了解。下面给出了性教育四个方面的目标，也是我们希望孩子具备的观念与能力。

3 “我爱我的朋友、同学和老师，我可以和他们愉快相处”

4 “我爱爸爸妈妈”
“我爱我的家”

本章小结

本章介绍了性教育的基本理论，包括性教育讨论的内容、原则以及目标。这些内容虽然看似不能解决具体问题，却是非常重要的理论基础。本章还特别分析了性教育的一些主要观点。通过这些内容的学习，希望可以帮助父母打破原有儿童性教育中的误区。

2

性教育的沟通指南

花时间考虑下自己的性价值观

从前，学校里的性健康教育不包括性价值观教育。那时候的性教育只是身体结构、生理卫生等知识性内容。但是人们渐渐发现，与性有关的很多问题并不是简单的对错就可以表达清楚的。没有任何一种性教育可以完全给出“什么是恰当的性行为”的回答，很多关于性的看法在不同文化中是不完全一致甚至相反的。

青少年性行为	✕	尽量延后	了解后果，担负责任
同性性行为	✕	不支持不反对	个人选择
婚外性行为	✕	不支持不反对	个人选择

人们对这类问题的看法，还受到问题发生原因的影响。例如，当人们认为非异性恋主要由先天基因决定时，就更能接受非异性性行为。但是当人们认为非异性恋是受后天影响并习得时，对其接受度就会大大降低。

爸爸妈妈大都来自不同的原生家庭。有的家庭性观念开放一些，有的家庭保守一些。在性教育方面，由于很多问题并没有标准答案，每一个家庭都需要找到属于自己的性价值观。

爸爸妈妈的观念决定了他们对待孩子的方式，这种方式是塑造孩子性价值观的基础。而性价值观与其他价值观将一起决定孩子对待性问题的反应，以及将来的性行为模式。因此，在给孩子进行性教育之前，请先花些时间和自己的另一半一起想一想：

关于性价值观的思考

1. 什么时候开始性教育？性教育是否应该尽早开始？性教育会让儿童性早熟吗？（可参考 P018）
2. 性教育是妈妈一人的职责吗？爸爸应该如何参与？（可参考 P045）
3. 男孩女孩的教养方式是否要有区别？（可参考 P056）
4. 你如何看待同性恋群体？（可参考 P030）
5. 你介意你的孩子摸自己的生殖器吗？你如何看待自慰行为？
6. 孩子应该知道生殖器的正确名称吗？（可参考 P094）
7. 你希望你的孩子从何处获得有关性交的知识？你愿意和你的孩子谈论如何性交等内容吗？
8. 父母在孩子面前争吵会对孩子造成很严重的影响吗？（可参考 P079）
9. 父母和异性子女之间一起洗澡可以接受的年龄是多少？（可参考 P130）你介意孩子看到你的裸体吗？
10. 你裸睡吗？在家里的其他地方可以裸露身体吗？
11. 你介意婚前性行为吗？你如何看待人工流产？你怎么看待同居？
12. 你认为爱与性有着必然联系吗？
13. 你认为手淫是正常、健康的表现吗？（可参考 P137）

P034 有“关于性价值观的思考”的使用说明

“关于性价值观的思考”表格的使用说明

1. P033为爸爸妈妈用来一起讨论、记录的表格。三列分别记录爸爸、妈妈和家庭最终准备传递给孩子的观念。P032是我们给出的问题举例。
2. 这些问题并没有唯一的答案，夫妻双方对问题的讨论也是彼此了解的过程。
3. 除了我们列举的13个问题以外，夫妻双方还可以对其他感兴趣的问题进行讨论。
4. 即使爸爸妈妈不能得出完全一致的观点，也要讨论出希望传递给孩子的属于这个家庭的观点，写在最后一列。
5. 我们在书里对其中一些问题提出了我们的理解供爸爸妈妈参考。

这样的讨论可以帮助爸爸妈妈更加了解彼此，同时也更有利于下面的学习。

克服沟通时的心理障碍

因为在缺乏性教育的环境中长大，很多爸爸妈妈对性知识不太了解。更令人遗憾的是，在我们的社会文化环境中，大家对于性有着或浅或深的“羞耻感”，即使已经为人父母，往往也会本能地想去回避这一话题。

因此，当我们给孩子进行性教育时，最大的困境来自我们自己心中对性的抗拒。

然而，如果我们为人父母也一直回避孩子的问题，那么我们的孩子就会走上与我们一样的老路。

所以，真正的家庭性教育需要从父母改变自己开始。

不自在很正常，多练就好

一开始，你可能连说出生殖器名称都会马上脸红心跳，但是不要担心，通过反复练习，你会对这些名词具备免疫能力。你可以像老师备课一样，对着空气大声地进行自问自答，也可以和自己的另一半一起做这样的练习。

此外，你还可以看一些性方面的专业书籍（具体可参考本书最后列出的参考书目）。当我们对一件事更加了解时，也就更能够坦然面对。

不怕讲错，改了就好

不要担心自己不懂或出现一时的错误。

有时候孩子问得突然，我们对答案也的确不了解。一些父母在这个时候会表现得非常紧张，甚至为了掩饰紧张，脱口而出错误的信息，又或是责怪孩子问得太多。

急于把孩子“吓走”是最糟糕的处理方式。孩子不仅不会因此而放弃问题，还会因为父母莫名慌张的状态而对问题更加好奇。关于性的问题从此将成为孩子心中的谜团，持续困扰孩子。

面对自己不懂的问题，父母可以实事求是地和孩子说“我也不知道”。并且积极地帮助孩子一起寻找答案。或者在找到答案后告诉孩子。

有时，父母无意中告诉孩子的知识是错的。不用纠结这一时的错误，这与故意欺骗孩子是不同的。只要愿意，我们总会在以后的生活里找到合适的机会去向孩子纠正自己的错误。

“爸爸妈妈也有不知道的事情，爸爸妈妈也会出错”，孩子对父母产生这样的看法并没有坏处，这才是真实的父母、实实在在的人。

没有太晚，只有不做

“我之前没关注过性教育，以后也算了吧”的心理，其实也是一种畏难情绪。错过得越多，反而越应该开始重视。

没有做得太晚不能做的性教育，只有从来不做被忽视的性教育。性教育无论从何时都可以开始。

不讲太多，身教胜于言教

语言上的说教不一定是最好的教育手段。如果我们自己重男轻女，那么要如何告诉孩子“男女平等”？如果爸爸和妈妈之间经常争吵，那么无论如何讲述爱与尊重都会缺乏说服力。

性教育顺利进行的三个技巧

当我们闯过了自己的心理关，下定决心准备开始重视性教育的时候，“何时做”“如何做”成为下一步要考虑的事情。这里有三个技巧可以帮助到你。

技巧一：寻找一切“可教时刻”

《从尿布到约会》的作者提出了一个“可教时刻”的概念，可以用来回答“何时做”这个问题。

“可教时刻”是让你和孩子自然地开启“性”话题的时刻。性教育是生活中的教育，而不是那种“来，让我们一起谈谈性吧”的直接灌输式教育。因此在日常生活中，爸爸妈妈需要陪伴孩子，才能找到这样的关键时刻。

“可教时刻”不仅可以进行与孩子之间的语言互动，面对不会说话的婴儿，爸爸妈妈同样可以找到“可教时刻”。对此将在后面的章节中具体来讲。

技巧二：鼓励孩子提问

不回避孩子的问题，自然地回答是对孩子最好的鼓励。如果当孩子向你提问时，你可以真诚地对他说“我很开心你能问我这个问题”或“这真是一个好问题”，这将会开启一次更加愉悦的交流。

孩子天性敏感、善于观察，爸爸妈妈对孩子关于性的提问若表现出负面或消极的态度，则会影响孩子对性的看法。同时，还会打击到孩子向父母提问（不仅仅是关于性的问题）的积极性。

技巧三：搞清楚孩子的问题是什么

很多父母在面对孩子的提问时，容易出现三类问题：

一、没有搞清楚孩子问什么就回答；

二、回答时使用的词汇和概念是孩子理解不了的；

三、讲得过多，孩子早已失去兴趣。

下面我们以 3 岁左右孩子的提问为例，来说明如何避免这三类问题。

STEP 1：分辨孩子真正的问题

父母被孩子问到“我从哪里来”时，经常会因为过于紧张，就会像被老师抽查背诵课文一样，一股脑地将早已准备好的内容“倒”给孩子，但是他们却忘了先搞清楚孩子到底问的是什么。

此时你可以反问孩子：我不太清楚你想问什么，或者询问：你是问你的出生地吗？

STEP 2：选择适合的词汇和概念

孩子的理解能力是不断发展提高的。3 岁左右的孩子能够理解的词汇有限，因此爸爸妈妈在回答孩子问题的时候，一定要用这个年龄段可以听懂的词汇与概念去表达。

STEP 3：观察孩子的反应

有些爸爸妈妈非常喜欢和孩子交流，总是希望能够“知无不言”。不过在回答孩子关于性的问题时，只要回答到能解决孩子现阶段疑问的程度就可以了。不要有意去“拓展”内容，这不是启发思考的好时机。

如果孩子开始表现得失去兴趣，比如眼神飘忽，开始玩手里的小玩具，又或是他自己开始转移话题，那么你们关于这个问题的聊天就可以结束了。不要着急，你们以后还会找到机会讨论的。

与儿童性发展相关的三个锦囊

锦囊一：儿童性教育是反复进行的

因为儿童的大脑还处于发育中，他们的理解力与记忆力都没发育成熟，所以性教育是渗透在生活中反复进行的。比如在教孩子身体部位的名称时，不能期望教一遍孩子就能够记住并理解，我们要在一切“可教时刻”去帮助孩子“复习”这些内容。同样的内容我们在孩子不同年龄阶段中会一直提及。

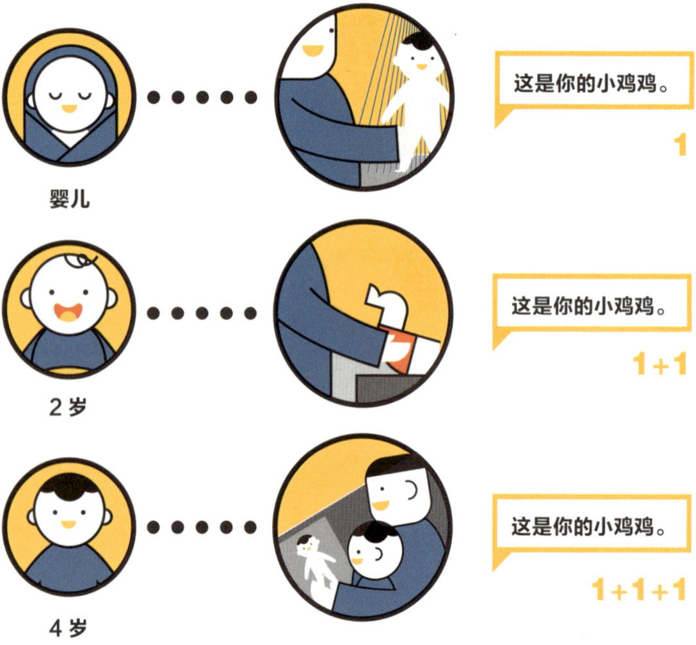

锦囊二：态度和价值观更重要

知识都是“死”的，而性教育的最终目的是让孩子理解并运用到生活中。你在教授孩子时的态度，你如何看待这些知识，以及你是如何做的……这些“活”的影响对孩子更为重要。

锦囊三：性教育是父母共同的职责

与爸爸相比，妈妈承担的性教育的任务更多（妈妈与孩子接触机会往往比爸爸多），但是爸爸在性教育中也有必不可少的作用。尤其是在教育男孩的时候，爸爸有时比妈妈更适合。亲密关系的建立是全家人共同的课题。

本章小结

性价值观决定了父母如何进行性教育。本章重点帮助父母思考自己的性价值观，从而建立起属于自己家庭的、可以传递给孩子的性价值观。此外，本章还帮助父母克服性教育的心理障碍，并介绍性教育的沟通技巧。最后，总结并强调与儿童性发展相关的三个锦囊，帮助家庭性教育的开展。

3

“性”从受精卵开始

“性”从受精卵开始

在我国一些地方，婴儿出生就被算作是 1 岁，这是有一定道理的。从受孕开始，一个人的成长就已经开始，包括与性有关的成长。胎儿在子宫里时，并不是安静与世隔绝的，他同样受到外界的影响。

来自爸爸妈妈的生殖细胞，即卵细胞和精子，分别携带了 23 对染色体，其中各有一对是性染色体。基因携带着遗传信息串联在染色体外，这是决定人类生理性别的首要因素。

基因不但与身体外貌等静态信息有关，还与人一生的发展变化相联系。从这 23 对染色体在受精时结合到一起的那一刻起，性器官及性别认同的发展也按照大自然的安排启程。

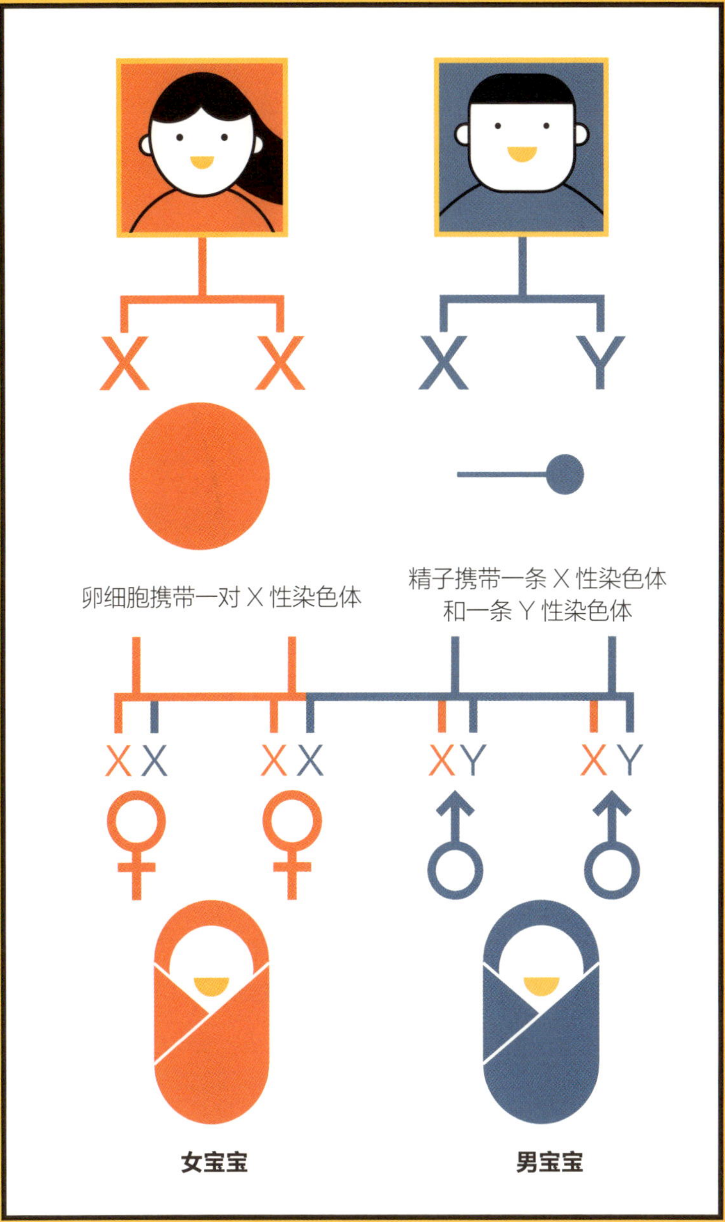
X
X
X
Y
卵细胞携带一对 X 性染色体
精子携带一条 X 性染色体
和一条 Y 性染色体
XX
XX
XY
XY
女宝宝
男宝宝

你一生的故事

生理性别主要由基因决定。虽然胚胎发育到第 8 周时人们才能通过 B 超观察性器官来分辨胎儿的性别，但性染色体早已携带了足够的信息来指导性腺和性器官的发育。**如果性染色体在结合时出现错误，那么胎儿在性别发育时也会出现问题。**

尽管基因错误产生的原因尚无定论，但是，**在健康条件下受孕，努力做到优生优育，是备孕时最应该注意的问题。**

当你阅读这本书时，可能早已过了备孕阶段。但无论如何，影响孩子性别认同的最主要因素却在受孕时就已开始发挥作用。我们可以将这样的观念告诉朋友与家人，并在适当的时候告诉自己的孩子。

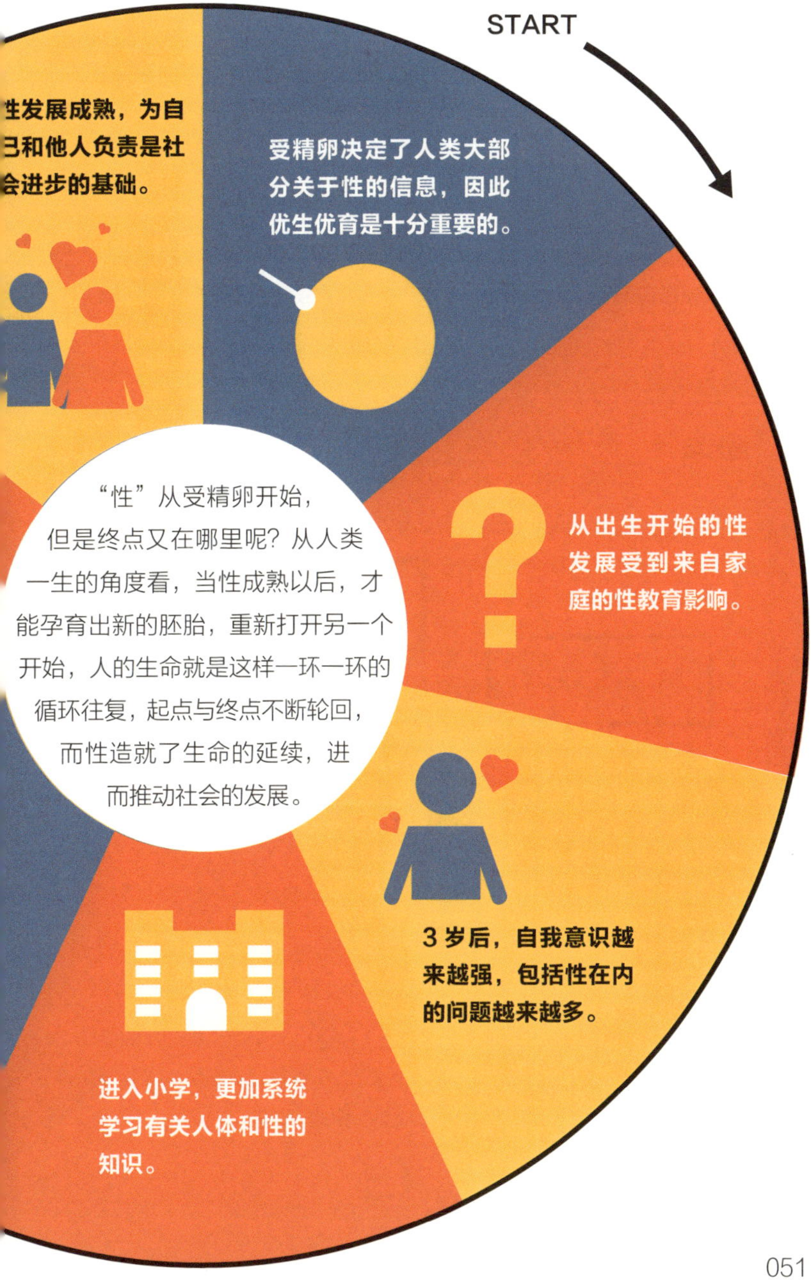
START
受精卵决定了人类大部分关于性的信息，因此优生优育是十分重要的。
从出生开始的性发展受到来自家庭的性教育影响。
3 岁后，自我意识越来越强，包括性在内的问题越来越多。
进入小学，更加系统学习有关人体和性的知识。
性发展成熟，为自己和他人负责是社会进步的基础。
“性”从受精卵开始，但是终点又在哪里呢？从人类一生的角度看，当性成熟以后，才能孕育出新的胚胎，重新打开另一个开始，人的生命就是这样一环一环的循环往复，起点与终点不断轮回，而性造就了生命的延续，进而推动社会的发展。

潜移默化的性别影响

有些父母担心的孩子“性取向”，属于孩子性别认同的范畴。但决定性取向的具体原因至今并没有定论。我们如今可以肯定的是，**性别认同是由基因（先天因素）和环境（后天因素）共同作用的结果。**

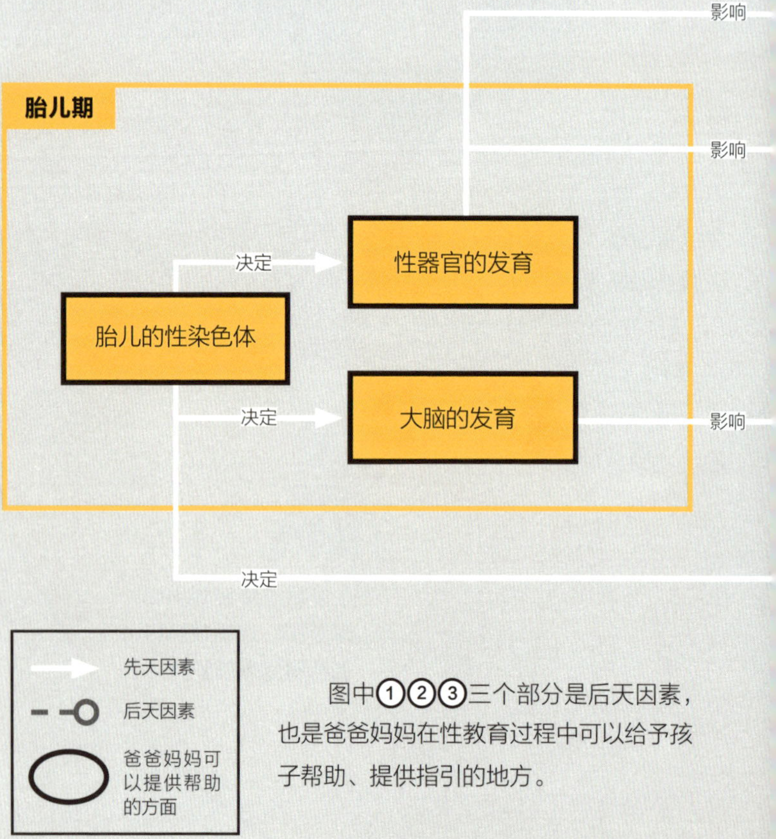

图中①②③三个部分是后天因素，也是爸爸妈妈在性教育过程中可以给予孩子帮助、提供指引的地方。

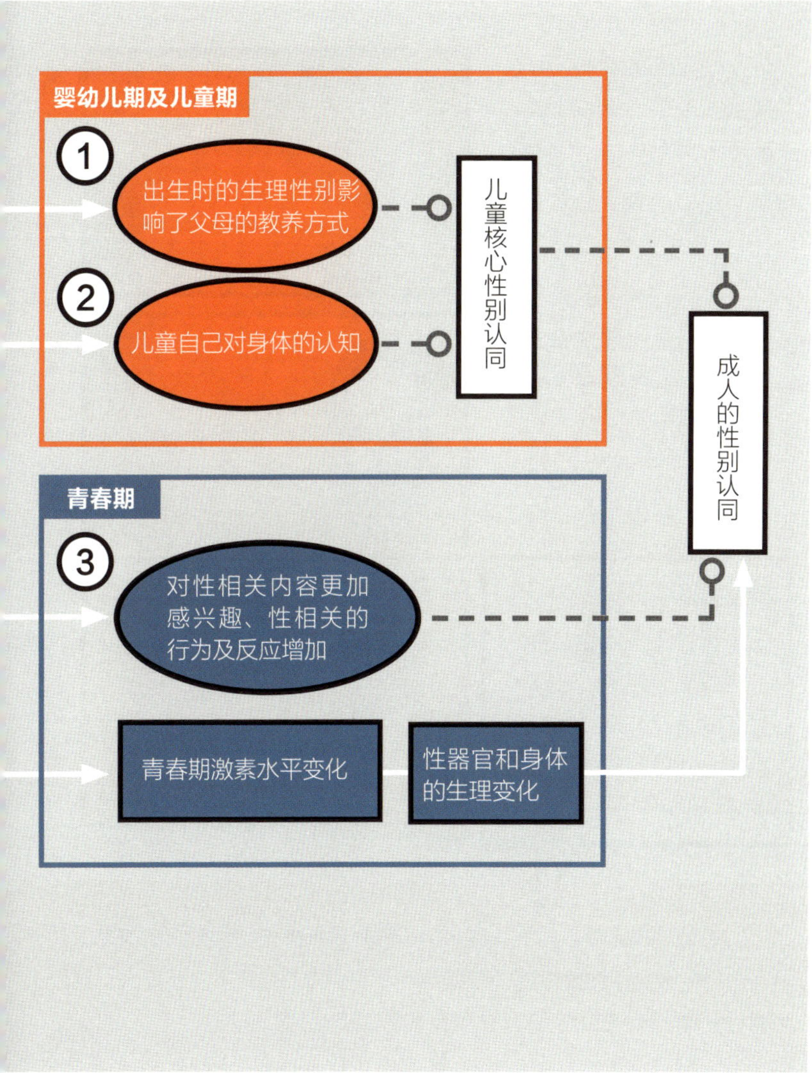

婴幼儿期及儿童期
1
出生时的生理性别影响了父母的教养方式
2
儿童自己对身体的认知
儿童核心性别认同
成人的性别认同
青春期
3
对性相关内容更加感兴趣、性相关的行为及反应增加
青春期激素水平变化
性器官和身体的生理变化

案例：双生子实验

有一对同卵双胞胎的男孩，其中一个在7个月的时候，因为手术意外失去了阴茎。

父母很痛苦，最后决定把这个可怜的宝宝当作女孩来养，并把他的名字从约翰改成了乔安。

乔安接受了手术修复。为了促进女性特征的发育，在青春期的时候还进行了荷尔蒙治疗。果然乔安表现出与双胞胎兄弟不同的女性特征。

在荷尔蒙治疗进行的同时，父母通过对乔安教养倾向上的改造，使乔安不同于兄弟的女性特征在这种社会性别角色强调下发展出来。这说明，父母的教养方式对孩子的性别角色表现是有影响的。

但乔安仍旧保留了很多男性特质，比如争强好胜、精力充沛等。

尤其是 10 岁以后，乔安出现了性别识别困难，很难认同自己的性别角色。他开始拒绝父母给他的女性化的衣服及玩具。

乔安最后还是通过手术和荷尔蒙治疗恢复了约翰的男性身份，长成了一个魁梧的男性，结婚并收养了孩子。

但是先天因素的影响始终也发挥着作用，这让乔安最终变回了约翰。

正因为我们无法说清先天因素和后天影响各自发挥了什么程度的作用，也不知道这些作用在不同人身上的影响是否一致，所以在孩子性别认同的过程中，父母不要过于焦虑，更不要按照社会对男女的刻板印象去教养孩子。

如何教养男孩和女孩

社会对男孩和女孩的性别角色往往带有时代赋予的刻板印象。父母按照这样的刻板印象去教养孩子时，会固化孩子对各自性别特征的看法，并反映到自己的教养行为上。

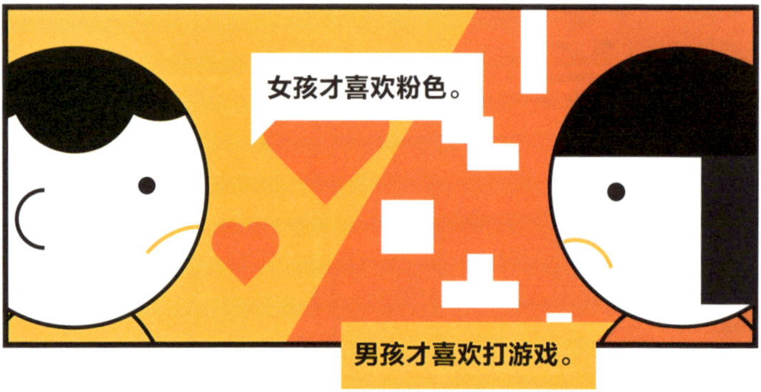

专家认为，年幼的男孩和女孩之间的行为差异并没有那么大，至少没有每个孩子个体间的差异那么大。

带有刻板印象的教育方式，本身是一种“强行把孩子按进具有典型性别特征的模子里”的行为，这并不利于孩子全面自由的发展。

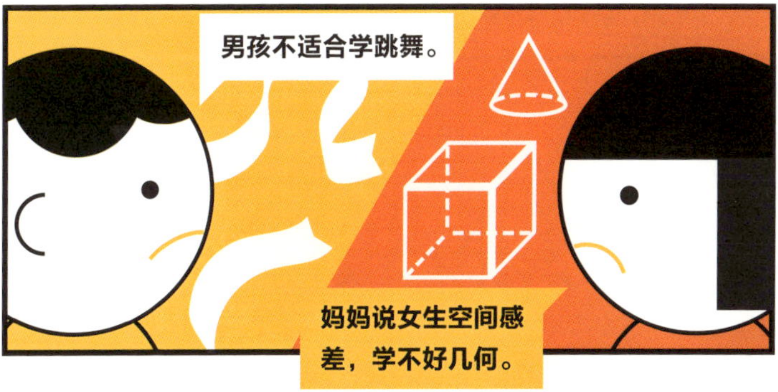

性别角色的差异很多都是人们在社会文化下长期积累的偏见。父母不要因为自己对性别角色的刻板印象而限制了孩子的发展。无论是喜欢玩布娃娃的男孩，还是喜欢恐龙怪兽的女孩，顺应孩子的天性进行教养是最好的选择。

比起在意“是男孩还是女孩”，相信自己的孩子是独一无二的更有意义。

性发展基本规律

1 岁前的婴儿不会说话，更不会提问题。我们不会对着一个婴儿讲性教育绘本，也不会和一个婴儿讲他是从哪里来的，所以**婴儿期成了爸爸妈妈容易忽视的性教育的黄金期。**

但已经有研究表明，新生儿也是有性生理反应的。性的发展如同婴儿身体、智力、心理的发展一样，一刻也未停止过。

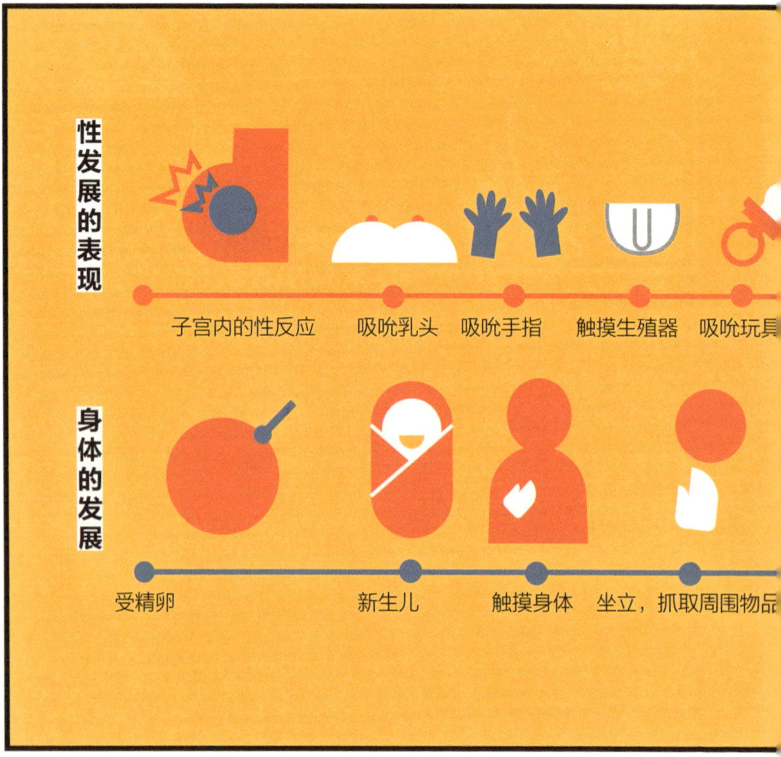

性发展与身体发展一样，都不是一蹴而就的。
两者之间相辅相成，向着更成熟的方向发展。

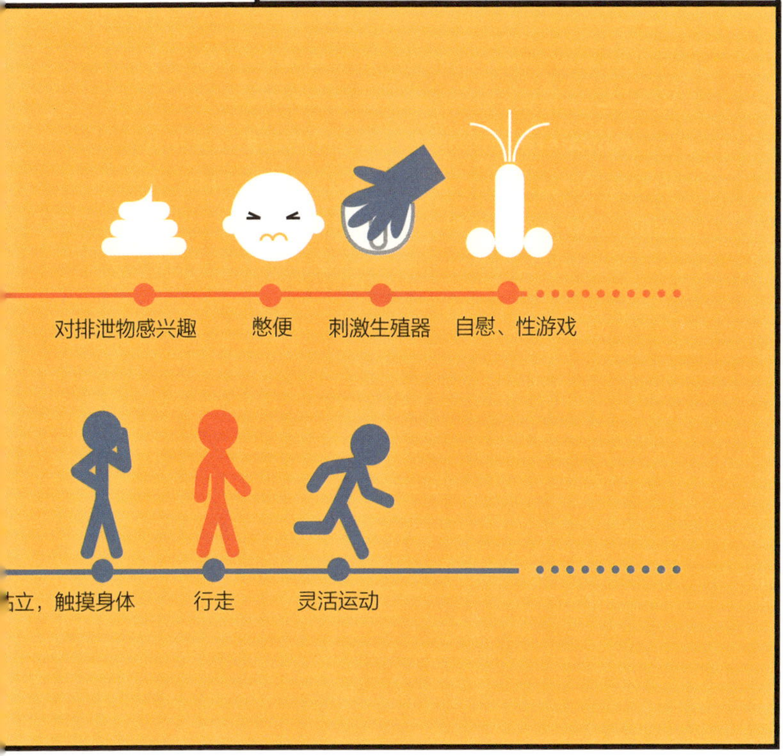

人的一生中有很多个关键期或敏感期。这些时期对每个人来说都是非常重要的学习时期。其中也包括形成性态度与性偏好的时期。人们在这些时期里，学习能力达到最佳的状态，能够更加高效地学习。

精神分析学派大师弗洛伊德的心理动力理论将人类心理发展分为几个重要时期：口唇期、肛门期、性蕾期、潜伏期和青春期。

一些书籍中提到的儿童敏感期中的口唇期和肛门期等就是来自这个理论。

弗洛伊德认为，性渴望和性驱力是人类心智的一部分，所以在弗洛伊德的理论中，性具有非常重要的地位。我们通过对这一理论的学习，可以对儿童时期的性发展有更深入的了解。

胎儿期（出生之前）

超声波影像显示，在妈妈子宫里时，胎儿就对探索自己的身体很感兴趣，他们不仅会吸吮手指，也会触摸自己的生殖器，在探索中寻找快感。

男宝宝甚至在出生前就有生殖器的反应，他们的阴茎会勃起（一种条件反射）。科学家们还相信，尽管无法观测到，但是女宝宝很可能也有阴道润滑的情况发生。

此外，胎儿在最后3个月时已经具备听力，因为他们最常听到的一般是妈妈的声音，所以在出生后对妈妈的声音也更加敏感。

在孕期最后 3 个月，常常与胎儿进行对话，有助于孩子心智的发育。经常听到妈妈温柔的声音，也能帮助胎儿在出生后与妈妈建立亲密关系。

口唇期（0~1 岁）

吸吮是人类的天性。那些足月出生的健康宝宝，第一时间就会被用推车送到妈妈身旁，即使没有睁开眼睛，他也会开始寻找奶头并努力吸吮，尽管并不熟练。每一位有过母乳喂养经历的妈妈都一定会记得这一刻的感觉。

婴儿通过吸奶获得最初的满足。这种满足一部分是来自于对饥饿的缓解，另一部分就是通过吸吮妈妈的乳房，获得心理上的安慰与愉悦。**吸吮是人类最初的性感觉，建立了孩子最基础的性特质。**

因此，**妈妈在喂奶时对婴儿的态度也会对孩子心智产生影响。**

> 妈妈在喂奶时要尽量轻柔，不要因为情绪焦躁就粗鲁地把奶头塞进孩子的嘴里。要知道，在婴儿初期，他对这个世界的认识与感受主要来自乳房以及吸奶的过程，他通过吸奶与妈妈建立联系。

弗洛伊德指出，嘴唇和口腔内的皮肤黏膜都是人体的敏感区域。当新生儿四肢肌肉力量发育不成熟时，会通过舌头吸吮奶头和嘴唇去体会敏感区的刺激。

当婴儿可以控制自己的手部运动以后，吃手会成为新的探索环节。

能够翻身坐起来，能够自己拿到周围的物品以后，婴儿就会开始不停地往嘴里放任何他能拿到的东西。

这正说明随着身体机能的发展，当婴儿已经有能力去抓取物品时，他探索的范围也自然扩大了。此时的婴儿还处于口唇期，他会努力将所有可以拿到的东西放进嘴里。

婴儿经常吃手怎么办？

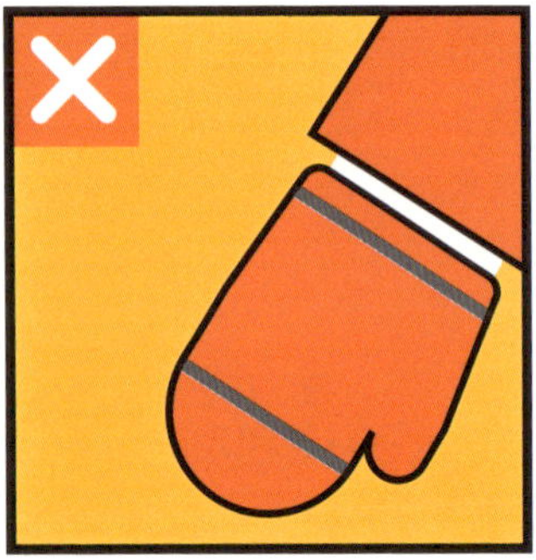

吸吮是儿童性发展的关键一环。如果爸爸妈妈为了避免孩子挠伤自己，给孩子戴上手套，就会让婴儿失去吸吮的锻炼。此时最好的做法是及时帮宝宝剪去指甲，保证宝宝手部和可抓取物品的卫生。

当孩子已经有了自己抓取东西的能力时，爸爸妈妈应该小心陪伴，既不要阻止孩子正常的探索，也要防止宝宝误食物品。

如果孩子大了还喜欢吃手怎么办？

有的孩子到了 3 岁以后仍然喜欢吃手，尤其是在入睡之前，或者感到焦虑的时候。还有一些孩子喜欢往嘴里放东西，没见过的小玩意儿都喜欢用嘴去感受一番。这说明孩子在口唇期时没有得到充分的满足，因此还没有完全过渡到下一个阶段，又或是保留了一部分口唇期的习惯。

如果在孩子小时候制止他口唇期的探索，那么孩子长大以后，随着他活动能力增强、活动范围扩大，家长更不容易进行看护。因此，**父母要让孩子在婴儿期彻底满足口唇期的探索。**

父母不要强制孩子停止吃手，或者因此训斥孩子。很可能是家庭环境及父母的疏忽导致了孩子如今的问题，所以需要反思的是爸爸妈妈。

不过，此时的孩子和婴儿阶段已经不同，因而不能再像口唇期一样任由孩子吃手，但也不能刻意去制止。

爸爸妈妈可以在孩子吃手的时候转移孩子的注意力，比如给他喜欢的糖果或者玩具。

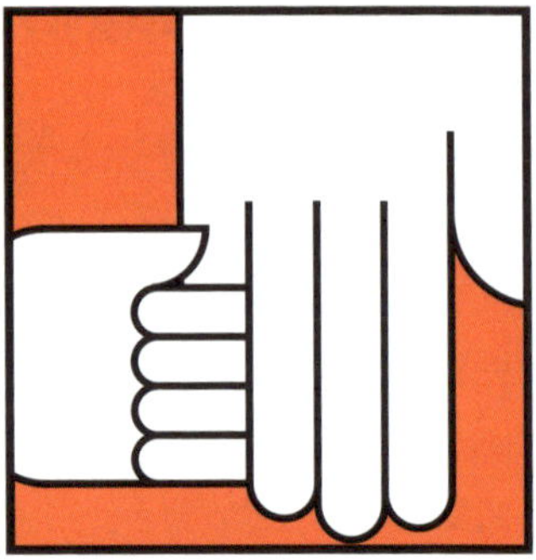

如果孩子是在入睡过程中吃手，爸爸妈妈可以尽量拉着孩子的手，陪伴他入睡。

爸爸妈妈还可以和孩子一起看关于吃手的绘本。但是一定注意，绘本的内容不要说教性质太明显，也一定不要是通过恐吓来劝诫的绘本。

那些因为吃手被严厉管教的孩子，可能吃手问题反而会变得愈发严重。或是在短时间改掉后，在情绪敏感时再次发作，又或者寻找其他替代物。

若吃手情况严重，还会咬破手指，将会导致痛感与兴奋感的错误连接，对性心理发展不利。

因此，父母在这个阶段一定要有耐心。父母的爱对于孩子的心理成长是最好的支持。

非母乳喂养的孩子与安抚奶嘴

除了营养方面的差异外，非母乳喂养的孩子没有对妈妈乳房的依恋。如果此时妈妈也不是主要喂养者，孩子将很难把喂养行为与妈妈联系起来。这样建立起的母子亲密关系一般没有母乳喂养或者妈妈是主要喂养者时紧密。

然而通过奶嘴仍然可以满足孩子对吸吮的需求。不过，无论是母乳喂养还是奶瓶喂养，妈妈（喂养者）在喂养时，与婴儿的互动过程十分重要。

因为新生儿的可视距离正好是母乳喂养时从自己到妈妈脸部的距离，所以在奶瓶喂养时，喂养者与婴儿在这个距离进行温柔的互动是非常重要的。喂养者可以与婴儿轻柔地说话，还可以微笑着注视着对方，总之通过这样的方式，可以在婴儿吸吮时建立最初的情感连接。

安抚奶嘴可以代替婴儿吸手指的口欲需求。但是因为安抚奶嘴虽像奶头，却不能吸出奶，对婴儿来说会有挫败感，所以最好只在孩子入睡或不舒服时使用。

肛门期（1~3 岁）

这个年纪的孩子开始接受上厕所的训练，并学习如何控制大小便。孩子在控制排便的过程中获得快感，逐渐进入了下一个时期——肛门期。

一些处于肛门期的孩子，会刻意憋便。通过这种方式去寻找排便的临界点，也寻找性快感的临界点。憋便时的孩子往往脸色潮红，因为人类生殖器与排泄器官最为接近，因此排便，尤其是憋便时的感受和性高潮的感受十分相似。

在肛门期之前，一些孩子预感要排便时会告诉家人。而到了肛门期，却会偷偷躲藏起来，直到尿到或拉到裤子里。

没有意识到孩子进入肛门期的家长常常会十分不解和愤怒，认为孩子的行为是故意的，明明以前都会提前说，为什么现在却偷偷躲起来弄脏裤子？

如何顺利度过肛门期？

排泄最初对于婴儿来说是件不舒服的事情。在他们还只能躺在床上时，他们会用哭来告诉家人他拉了一裤子，他很难受。

排泄时婴儿突然受到的刺激是最让他们感到惶恐和不舒服的。不过随着他们身体惊人的生长，他们逐渐适应了排泄这件事，并且从中发现了快感。这种快感成人也能体会到，就像憋了很久终于找到厕所"方便"那一刻。

在婴儿的世界里，他们对排泄的过程以及排泄物都很感兴趣，因为排泄行为及排泄物都对他们很重要（排泄物最初被视为自己身体的一部分）。有一些孩子还会研究大便，甚至徒手玩自己的排泄物，这都是十分正常的行为。

正因如此，在儿童发展的这个时期，不要让孩子排斥排泄物。**父母不用过于着急让孩子马上懂得干净卫生，**甚至因此让孩子感到，爸爸妈妈很讨厌孩子的排泄物。

父母在培养孩子如厕习惯时，需要温柔地坚持。如果孩子出现尿裤子、拉裤子，又或是因为玩排泄物而弄脏自己的情况，家长不要因此而训斥他们。有些小朋友则会出现相反的情况，比如过于关注自己的内裤是否干净，又或是在排便后是否把自己清理干净。这种时候，需要父母在让孩子懂得不伤害自己的大前提下，温柔地并反复地告诉孩子正常的卫生习惯。

这个时期，爸爸妈妈可以和孩子一起看一些关于“屎尿屁”的绘本。优秀的绘本可以帮助孩子知道排便是很平常的事情。同时帮助孩子懂得如何去上厕所。

肛门期憋便的情况并不是在每个孩子身上都表现得十分明显。

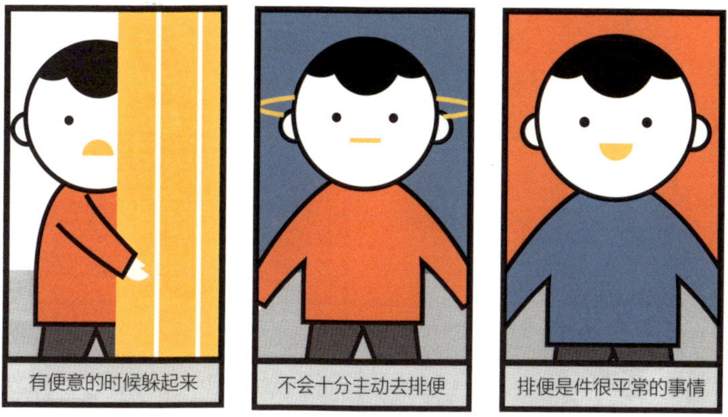

大部分孩子或多或少都会出现不太愿意去排便的情况，父母经常担心孩子是否出现了便秘。父母的这种焦虑情绪又会反过来造成孩子的排便焦虑。

对于那些憋便状况很典型的孩子，不要因此批评他。**憋便是正常的。**责骂不能改善孩子憋便的情况，孩子自己也控制不了憋便行为。责骂反而会让孩子愈发惧怕排便。长此以往，可能会从肛门期的正常憋便，逐渐恶化成肛门对排便反应不灵敏，最后造成生理问题。

解决憋便的唯一方法就是耐心等待孩子自己度过这一时期。具体时间的长短因人而异，有的孩子一两个月就度过了，有的孩子甚至需要一年。

如厕训练 6 步走

1

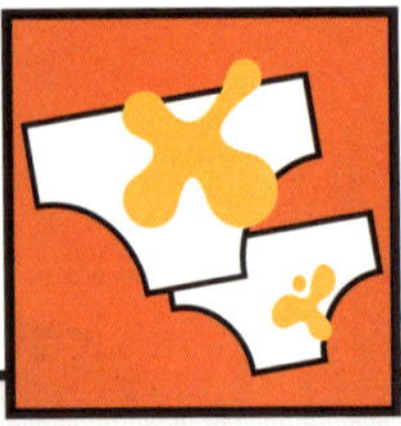

婴儿大都使用纸尿裤或者尿布，他们不清楚自己什么时候会排便。但是孩子渐渐会开始意识到自己要排便了。

2

每个孩子开始具有主动排便意识的年龄都各不相同，个体差异较大。有的孩子在半岁以后就能意识到，但是有的要到一岁以后。爸爸妈妈要注意观察孩子的反应。

孩子在要排便前面部表情会有变化，比如眼神停顿，或看向自己的排泄器官。

3

即使孩子还需要用纸尿裤、不能主动告知排便，也可以给孩子准备专用的小马桶或专用便盆。

4

当父母发现孩子有排便意识以后，若孩子还不能自己走到小马桶，或者还不能自己穿脱裤子，就可以在这个时候告诉孩子，你要尿尿（拉臭）了吗？我们去小马桶吧。

通过这样的方式，可以加强孩子从意识到行为的记忆。

5

当孩子还不会自己穿脱裤子，但可以坐在小马桶上厕所时，请继续帮助孩子训练在固定位置主动排便的习惯。比如，请孩子尽量提前告知要排便，或者告诉孩子：“你如果想上厕所，可以去你的小马桶，我可以帮助你脱裤子。”

6

对于 3 岁到 4 岁的孩子，可以逐渐过渡到使用成人马桶，但前提是要提供给他们能够自己上厕所的条件。

比如将小马桶圈放在方便孩子拿取的地方，让孩子可以自己将小马桶圈放在马桶上。同时，在马桶旁放孩子可以搬动的塑料防滑凳，以便帮助他坐到马桶上。

孩子如厕训练时所使用到的工具可能不同，有的需要小马桶，有的只需要用小马桶圈。无论使用哪一种，都不要强迫孩子一定马上使用，而应在每一次准备上厕所时，都给予孩子尝试使用的建议，鼓励他们有新的进步。

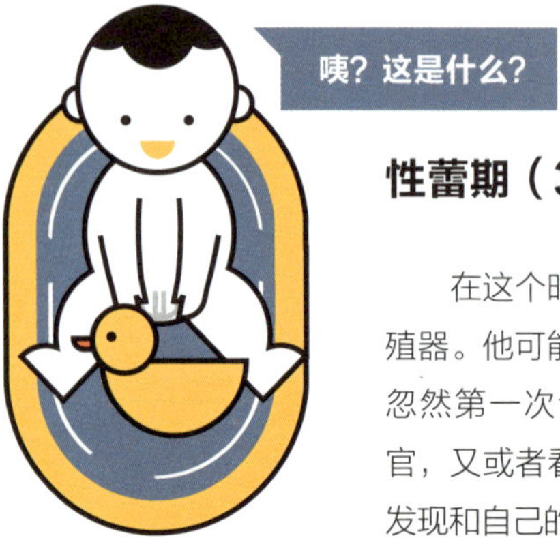

性蕾期（3~6 岁）

在这个时期，孩子开始关注他的生殖器。他可能某一次在澡盆中玩耍时，忽然第一次认真注意到自己的生殖器官，又或者看到爸爸、妈妈的性器官，发现和自己的不太一样。

我们前面已经讲过，在婴儿期甚至胎儿时，孩子也会触摸自己的生殖器。这既是孩子对身体的探索，又是性感受的启蒙。不过到了性蕾期，孩子会对生殖器投入更多关注。有的孩子则开始用手刺激生殖器，女孩有可能夹腿自慰。

与此同时，孩子对生殖器的关注也将加速开启孩子的性别意识，这是性别识别的一个重要阶段。

潜伏期（6 岁 ~ 青春期前）

弗洛伊德认为性心理的发展在这个年龄段会进入潜伏期，主要是因为性生理的发展在这一时期处于停滞状态。

但现代研究表明，儿童的性心理在这个阶段仍旧处于发展之中。所以在小学阶段，学校应该进行符合这个年龄阶段孩子的性教育，为进入青春期做好准备。

青春期

青春期是人一生中非常重要的阶段。在这一阶段，性器官逐渐成熟，更深层次的性别认同逐渐形成（见 P053 青春期）；人的自我意识与社会意识开始发生冲撞融合。自我身份的认知与社会身份的认知之间的冲突将在这个时期更加明显。

平安度过青春期需要孩子与家长之间的信任，亲子之间可以对任何问题进行交流。孩子愿意将自己的困惑讲给家长，也相信爸爸妈妈可以认真回答。这种信任是从小培养出来的。

我们在孩子 6 岁前进行的性教育，可以帮助建立亲子间的信任感，为青春期以及孩子的一生做准备。

> 在各个性敏感期，一旦正常发展的行为受到压抑，哪怕只是暂时的抑制，就可能造成在一个人其他成长阶段的反常表现。比如出现补偿行为，或者藏在心里的一个角落，一般情况难以探究。

本章小结

“性”从受精卵开始，影响人的一生，并通过一代又一代，延续这种影响。无论男孩还是女孩，先天因素与后天环境的影响都共同发挥作用。本章还基于弗洛伊德的理论介绍了性发展的基本规律。尤其分析了口唇期的吸吮以及肛门期憋便等典型现象。这些都是儿童性发展过程中所经历的正常现象。

4

从出生开始的性教育

0~3岁

信任感的建立

为什么性教育还要讨论与其他人的各种关系？难道性教育不就是教给孩子关于性的各种知识吗？

当然不是。性教育不只是生理卫生的知识教育，也不只是防止性侵犯的技能教育。**父母进行性教育的心理基础是对孩子的爱，是爸爸妈妈之间的爱，是朋友之间的爱，是人与人之间的爱。**爱的教育是无法孤立地、说教式地灌输的，而是通过社会关系来连接表达，孩子正是在这些关系中学习成长的。

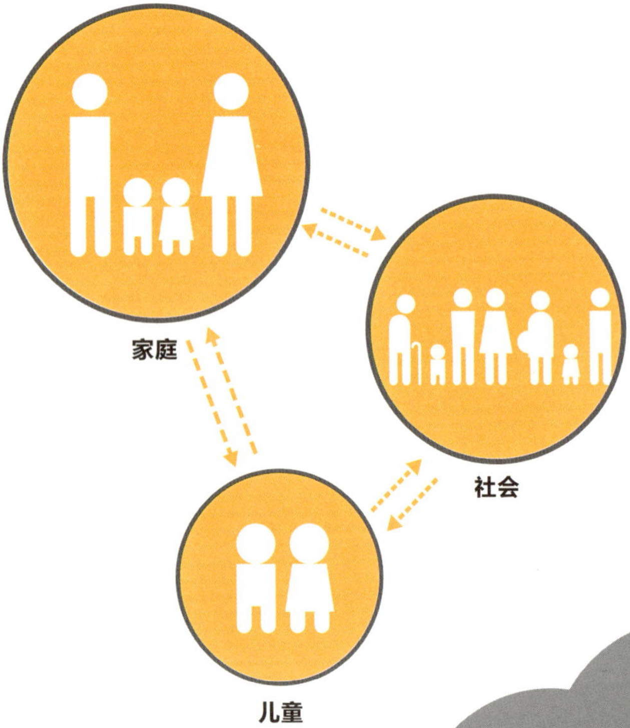

家庭关系影响孩子一生

在孩子上幼儿园之前，家庭就是孩子的小社会。孩子从爸爸妈妈对待他的方式和态度中学习社会人际关系的交往规则，从爸爸与妈妈的婚姻关系中学习两性的相处。在有手足以及与祖父母共同生活的家庭中，孩子还会学到更多。

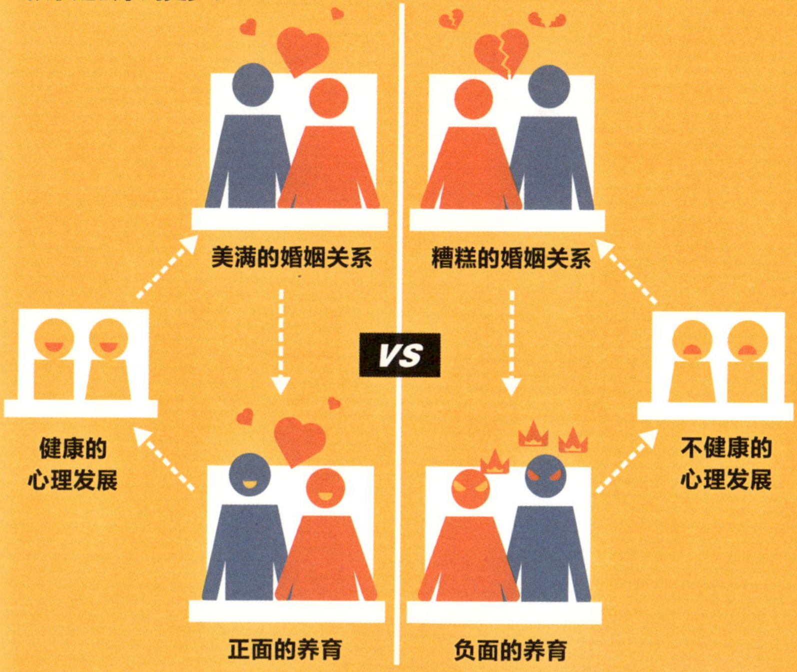

上图表达了家庭关系、养育方式及对孩子心理发展之间的相互影响，这是最基本的规律。然而，实际生活中人们相互的影响更加复杂。

高质量的养育不仅是喂养

英国心理学家哈利·哈洛在研究喂养的重要程度时，曾经做过一个“代理妈妈”的实验。

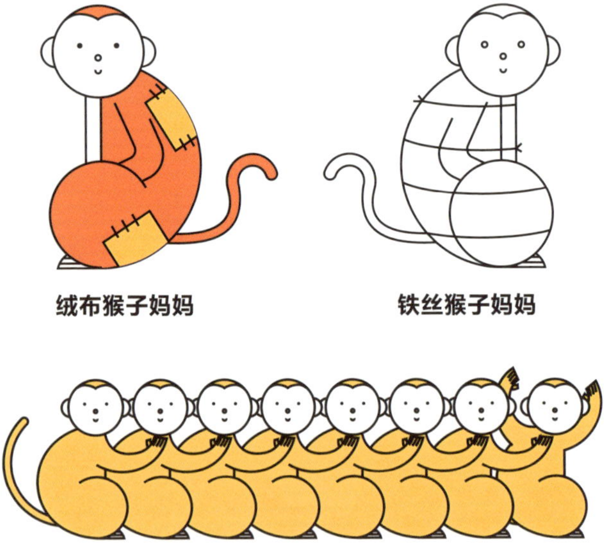

8 只小猴子刚出生就离开母亲，分为两组，分别由两位“代理妈妈”喂养。两位“代理妈妈”的身体都由铁丝做成，其中一个身上缠满柔软的绒布。

尽管两个“代理妈妈”都会满足小猴子的喂养需求，但是由“铁丝妈妈”喂养的小猴子除了吸奶以外，更多时间也都是和“绒布妈妈”在一起。

可见，只是满足生理需求的充分喂养，并不能帮助小猴子与“铁丝妈妈”建立一种依恋关系。

婴幼儿的依恋关系

按照埃里克森的心理社会发展理论，0~1 岁是孩子建立信任感的重要阶段。

婴儿在有需求的时候，如饥饿、排泄或是受到惊吓时，能马上得到妈妈(照顾者)的回应。

当孩子置于危险或者陌生环境中时

紧张地跑向妈妈，不过很快就会平静下来。仍然愿意探索陌生的新环境。

安全型依恋关系的建立

英国发展心理学家约翰·鲍比发现，父母在照顾婴儿时的敏感性与回应性将会发展出孩子三种不同的依恋模式：安全型、焦虑—矛盾型、回避型。后两者都被认为是不安全型的依恋关系。

妈妈照顾婴儿时，有时热情，有时烦躁，有时甚至不出现。无法给婴儿提供一致连续的照顾。

当孩子置于危险或者陌生环境中时

大哭着跑到妈妈身边，紧紧抱住妈妈，无论妈妈如何安慰也不放手，不愿意探索新环境。

焦虑—矛盾型依恋关系的建立

妈妈对照顾婴儿充满抵触情绪，甚至拒绝照顾孩子。

当孩子置于危险或者陌生环境中时

躲开大人，和父母保持距离，即使对环境感到害怕也不愿意和父母发生亲密接触。

回避型依恋关系的建立

婴幼儿时期的依恋关系是成人亲密关系的起点

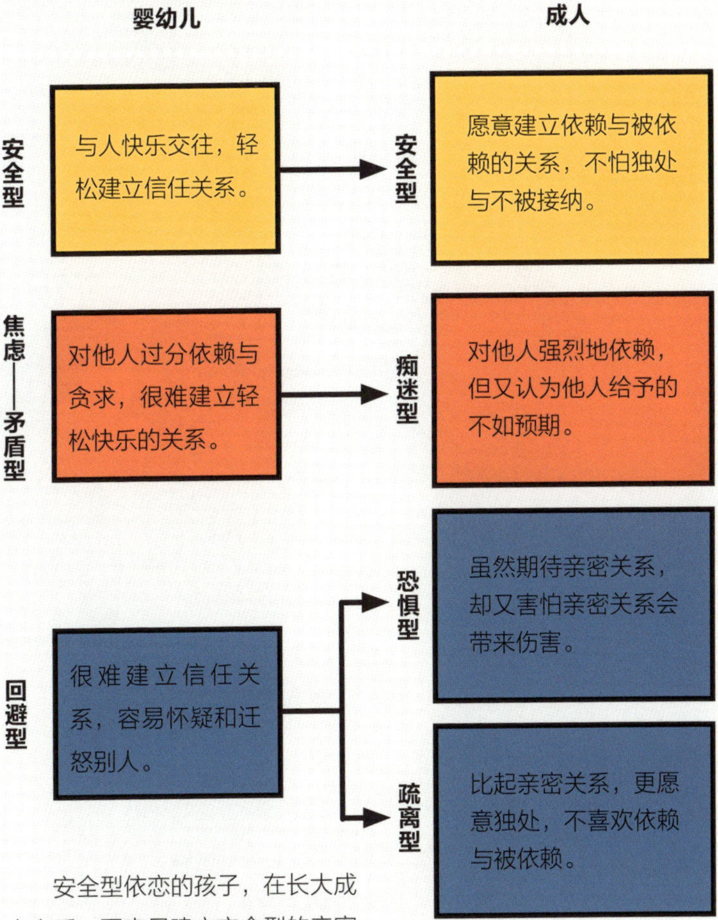

安全型依恋的孩子，在长大成人之后，更容易建立安全型的亲密关系，形成健康的人际关系，包括健康成熟的性关系与婚姻关系。

促进安全型依恋的养育方式

2 关注孩子的反应并及时回应

- 孩子笑时予以回应
- 婴儿发出声响时给予关心
- 哭泣时给予安慰

1 基本喂养条件

- 及时喂养
- 提供安静舒适的环境
- 及时更换纸尿裤
- 拥抱抚摸

3 与孩子互动提供情感支持

- 与孩子一起愉快玩耍
- 孩子遇到困难时提供帮助
- 对孩子的探索行为给予鼓励

孩子的自信成长需要全家共同努力

产后抑郁的妈妈容易忽视孩子，或缺少对孩子持续性的积极关注。极端情况下还会将负面情绪发泄到孩子身上。

产后抑郁主要是因为产后激素水平迅速变化，以及妈妈对产后情况预计不足，或是家庭其他原因导致。此时，无论是妈妈还是孩子，都需要其他家人的帮助，共同面对问题。

在以往家庭中，妈妈是主要抚养人。不过，如果爸爸与孩子也形成安全型的依恋关系，将会对孩子安全感的建立更有帮助。当爸爸也成为孩子的“安全基地”以后，孩子将有更强大的信心迈出探索世界的步伐。

当妈妈出现产后抑郁时，需要来自爸爸的支持与理解。家庭气氛的营造也是安全型依恋关系建立必不可少的部分。

和谐的婚姻关系不仅可以帮助孩子建立积极的婚姻观，还可以促进父母与子女之间的关系更加亲密。反之，如果父母离婚导致关系恶化，也容易影响父母与子女之间的关系。亲子之间关系的影响是双向的。

不过我们要知道，离婚对孩子的负面影响主要来自离婚时父母之间的恶劣状态（如争吵与相互指责）；身心疲惫的父母失去了对孩子的关注，而不是离婚本身。

如何正确断奶

断奶是挫折也是成长。断奶的过程也影响了亲密关系的建立。梅兰妮·克莱因在其著作《爱、罪疚与修复》中对从吸奶到断奶的过程有如下的描述。

1

婴儿对世界的认识从乳房开始。乳房中的奶水让婴儿吃饱喝足，同时吸吮的感觉让婴儿感到愉悦。此刻乳房在婴儿眼中是天下最美好的事物。

2

婴儿在最初的两三个月后，才将妈妈与乳房联系在一起。婴儿对乳房的喜恶也渐渐与对妈妈的爱恨联系在一起。此时妈妈温柔的哺育是与孩子建立安全依恋关系的基础。

断奶时的原则

1. 妈妈与孩子建立良好的依恋关系是顺利断奶的前提。
2. 要温和而缓慢地进行，逐渐用其他食物代替哺乳。
3. 不要喂孩子吃他不喜欢的食物或他不需要的食物。
4. 不要在断奶的同时进行其他方面的训练，如排便训练、餐桌礼仪等。

3

当吸吮不能立刻得到满足时，婴儿心中充满恐惧和愤怒。所以当他再次可以吸吮乳房时，即使并不饥饿，他也会强有力地吸吮，甚至去咬嚼乳房。

4

在断奶时，婴儿由于担心永远失去妈妈而心存恐惧，又以为是自己的愤怒导致的失去所以感到愧疚，这种复杂而矛盾的心理是导致婴儿断奶十分痛苦的关键地方。

“真正成功的断奶意味婴儿不只是习惯了新的食物，也在处理其内在冲突与恐惧方面达到最初而根本的进展，而且真正找到调试挫折的方式。”

——梅兰妮·克莱因《爱、罪疚与修复》P320

家庭是孩子的安全基地。

在家庭中获得温暖，孩子才能敢于探索更广阔的世界。

只有在照顾与哺育婴儿不单是一件责任，而是真正快乐的事时，母子之间快乐的关系才能够建立起来。

——梅兰妮·克莱因

《爱、罪疚与修复》P316

“我和我的身体”

认识“我的身体”

很多爸爸妈妈在准备进行性教育时，首先会想到怎么和孩子讲性器官。但往往是在孩子几岁以后才想起这个问题。但是其实，除了性器官，爸爸妈妈在告诉孩子身体其他部位的名称时是绝对不会纠结的。

宝宝刚刚出生不久，我们就会盯着孩子的小脸目不转睛地端详，甚至开始对着还不会说话的宝宝说，“这是你的眼睛，这是你的鼻子，这是你的小手……”不过我们很少会对孩子说，“这是你的阴茎”。

其实对于越小的孩子来说，性器官与身体其他部位的器官相比没有什么特别。阴茎和耳朵一样，都只是名字而已。**他们并不会因为这是性器官而觉得不自在，不自在的是父母自己。**

无论父母提到性器官时是否尴尬，告诉孩子性器官的名称都是必须做的事情。而且，**越早对着孩子说（哪怕他还不会说话），尴尬感越少。**父母对性器官避而不谈的态度，反而是日后与孩子谈“性”时愈发尴尬的真正原因。

性器官讲学名还是俗名？

那么，我们在告诉孩子性器官的名称时，应该说科学名词还是生活中的俗语名称呢？为什么有人认为要讲科学名称，有的却说可以不讲呢？

为什么说科学名称?

让孩子认识自己的身体，是为了认识自己，同时也是与其他人沟通时可以相互对话的前提。比如生病的时候，可以准确地告诉医生生病的位置。因此，告诉孩子性器官的科学名称的主要目的是利于沟通，这是一种“通用语言”。

为什么说俗语名称?

很多父母更愿意教孩子说俗语名称，除了因为父母自己不适应称呼科学名称外，还因为如果孩子在公开场合提到科学名称，会让周围的人和父母自己感到不自在。父母甚至担心其他人看待孩子的眼光。

男女性器官学名俗名对比

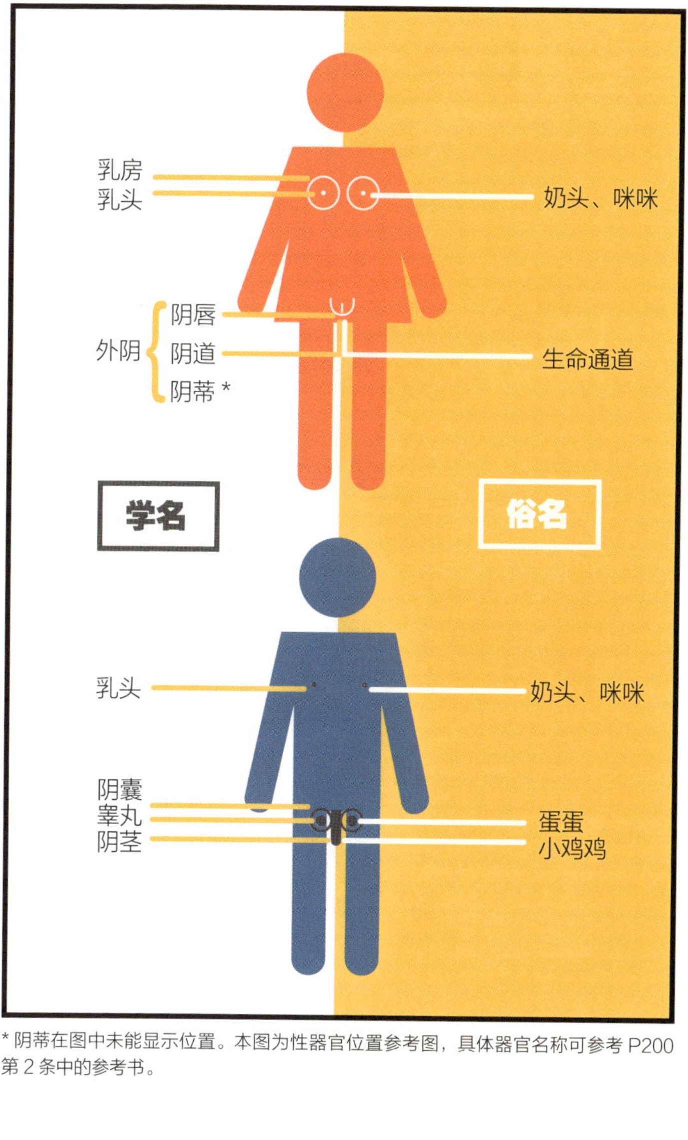

* 阴蒂在图中未能显示位置。本图为性器官位置参考图，具体器官名称可参考 P200 第 2 条中的参考书。

1

孩子越小时教越不会尴尬。

2

在国内可能会存在用科学名称与人沟通反而尴尬的情况，但其实不会有什么其他影响。

3

尤其在面对身体检查或正式交流需要准确说出身体部位名称时，孩子要清楚地知道自己身上部位的名称。

如何称呼性器官，由自己决定

其实在国内，“小鸡鸡”是对阴茎通俗、普遍的称呼，基本不会给沟通带来误解。那么，如果父母自己心理上不能接受平时与孩子的沟通用科学名称，也可以用俗语名称。不过建议，在告诉孩子名称的时候，可以说：

这是阴茎，这是它的大名，
不过我们更习惯叫它的小名“小鸡鸡”。

这样的方式有可能带来“为什么只有生殖器有小名”的疑问与困惑。不过因为很多孩子出生时也有自己的小名，可以降低这种称呼的特殊感。

但像女孩的性器官，俗语名称并不普遍，甚至有一些部位，父母自己也不能分清。所以建议父母先要了解清楚科学名称，同时考虑俗语名称的通用程度后，再决定如何教给自己的孩子。

在孩子进入小学以后，会进一步系统学习身体各个部位的名称。到时，老师应该教给孩子性器官的科学名称。（如果没有，则需要家长来完成这部分教育，可查找专业图书或资料来完成。）

《国际性教育技术指导纲要》建议爸爸妈妈告诉孩子科学准确的名称。考虑到目前国情和每个家庭的需求，我们建议根据自己家的实际情况，在性教育的启蒙阶段选择合适、可沟通、不会造成交流障碍的教授方式。

认识身体的“可教时刻”

黄金期：换尿布的时候

虽然婴儿可能既听不懂成人的语言更不会说话，但是孩子每天都在成长，会慢慢理解。从小将性器官就像其他器官一样告诉孩子，那么在孩子心中，性器官不会成为不可谈论的神秘部位。

看绘本的时候

在用绘本学习身体部位时，需要注意选择自己家可以接受的观念的绘本。

洗澡的时候

孩子从小在洗澡时就可以告诉他。

参观艺术品时

著名性心理学家霭理士在他的经典论著《性心理学》中提出，尽早带孩子观摩古希腊的裸体雕塑和文艺复兴时期意大利名家的裸体画像，或其画册。

这种方法不是为了进行知识的教育，而是让孩子对人体养成正确与自然的观念，从而在将来可以“抵御低级趣味的裸体作品”。

在电视中或者生活中看到动物时

在孩子第一次看到动物的性器官时，可以让孩子知道，人和动物一样，都有性器官。

“我的性好奇心”

当婴儿的手可以自由活动以后，我们会发现他们可能会触摸自己的生殖器。很多爸爸妈妈为此感到焦虑，到底这样的行为是不是正常的？父母看到以后要如何应对呢？

身体探索是性发展的必要阶段

我们在讲性发展基本规律时就曾提到，胎儿在子宫内时就会用手触摸生殖器。同身体机能的成长相同，性的发育是随着年龄的增长不断发展成熟的。

无论是口唇的吸吮，还是泌尿排泄器官的充盈感，都是人对性刺激的一种身体实践。这是人类成长中必不可少的环节。手部对身体的探索，包括对性器官的探索也是其中重要的一环。

这些探索不仅让孩子进一步了解自己，包括自己的性别识别，而且也是性感受的再次升级。性器官带来的愉悦感，与口唇吸吮给婴儿带来的愉悦感是相似的，正是因为有这样的快感，一些孩子才会反复去触摸体验。

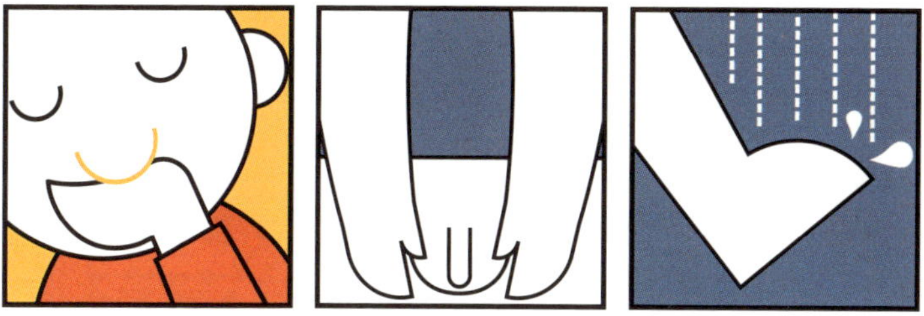

不同年龄段给予不同的帮助

一个一岁多的婴儿摸自己的生殖器，和一个成人在别人面前摸生殖器的意义是完全不同的。对于婴幼儿来说这是身体的探索，但是对成人来说则有更多性意味。因此，不同年龄段的相似行为也应给予不同的帮助。但无论哪一种帮助，批评的态度和强硬的制止都是不鼓励的。

婴幼儿期（0~2 岁）

排除由于病理或瘙痒等原因后，如果孩子在非公共场所摸生殖器，爸爸妈妈可以有以下三种处理方式。

1 鼓励的态度　“噢，你发现了你的阴茎（小鸡鸡）”

主要针对低龄宝宝刚刚发现自己的性器官的情况。父母这样做可以帮助孩子认识自己的性器官。

2 **中立的态度** **不做干涉，让孩子继续探索**

3 **不鼓励的态度** **给孩子换上尿布，或者转移其注意力**

这三种方式，都没有通过批评的语言或粗鲁的动作强行制止孩子的行为，也**没有对孩子的行为进行积极或负面的评价**。

需要注意的是，在使用第三种方式时，无论父母具体用了哪种方法转移孩子的注意力，孩子都还是会利用其他机会弥补他的探索，这是他成长过程中的本能需求。

幼儿期（2~3 岁）

每一个孩子对身体探索持续的时间不同，感兴趣的程度也不同。有的孩子在 0~2 岁时，偶尔摸一摸生殖器，到了 2 岁以后就不再出现这样的行为。而有的孩子却对此非常感兴趣。

当可以独立行走，开始了更多的户外活动，同时也更能理解成人的语言以后，如果孩子仍然喜欢摸生殖器，那么一定要让他知道，这样的行为不能在公共场所进行。

对这个年龄段的孩子，爸爸妈妈不需要进行过多的解释，包括到底什么是隐私，也不需要展开太过复杂的讲解（因为还不能很好地理解），只需要尽早告诉孩子：

1 不要在公共场所触摸生殖器（其他人看到会不舒服）

要注意语气平和，而且不要在公开场合当众对孩子说。

② 明确哪些是私人区域

即使在家中，也需要具体指出私人区域是哪里。因为家里也有公共区域。

我们一方面想让孩子对性保持一种非负面的、健康的态度，但另一方面，却又要告诉孩子关于性的一些行为是私密行为。这听上去似乎有些矛盾。这是因为我们头脑中常常会将私密与“偷偷的”联系起来，“偷偷的”又带有一些负面的意味。

然而，正因为人类文明的建立，性行为才成为了一种私密的行为。这是对原始欲望的约束，也是对性行为的限制。这种观念是随着人类道德伦理进步逐渐形成的。

可以给孩子穿开裆裤吗？

很多老人喜欢在夏天给孩子穿开裆裤，主要有两个理由：一是凉快，夏天不容易起痱子；二是随时可以大小便，节省纸尿裤。在有些地方，即使在冬天父母也会给孩子穿厚厚的开裆裤。

不过，穿开裆裤也有不少缺点。

最容易想到的是**不卫生**。这个年龄段的孩子可能随时坐在地上，光着的小屁股直接接触地面。如果清洗不及时、不彻底，容易造成生殖器的感染。不过脏了至少可以洗干净，这并不是穿开裆裤最主要的问题。

穿开裆裤主要有以下两个缺点。

1 随时随地大小便不利于孩子隐私意识的形成

孩子的隐私教育是渗透在生活中的行为教育。有些孩子到了 2 岁仍然喜欢在其他人面前特意暴露生殖器，很可能因为他在穿开裆裤时，生殖器随时暴露，一些成人用生殖器来和孩子开玩笑，以此为乐，孩子被这些玩笑模糊了隐私的界限。

很多孩子穿了开裆裤最终也会逐步建立起隐私意识。那是因为随着年龄增长，他们还会通过其他途径来学习与弥补。

当孩子能够控制大小便后，家长一般不会再给他们穿开裆裤；孩子上幼儿园以后，老师也会教小朋友不要随地大小便。因此，虽然穿开裆裤不利于隐私意识的形成，但一般情况下，也不会对此造成完全的阻碍。孩子到了一定年龄，逐渐产生的羞耻感也会让他们拒绝继续穿开裆裤。

不过，穿开裆裤的第二个缺点却是无法回避的问题。

2 穿开裆裤给性侵犯者可乘之机

性侵犯者具有隐蔽性，我们很难马上识别出隐匿于孩子周围的性侵犯者。性器官的暴露会让性侵犯者更容易下手。

所以，**最好给孩子穿纸尿裤，天热的时候勤换纸尿裤。**如果因为某些原因必须给孩子穿开裆裤，尽量选择有遮盖设计的衣服，同时注意身体卫生，以及不要让任何人用生殖器官与孩子开玩笑，甚至接触孩子的生殖器官。

男孩阴茎勃起是性早熟吗?

阴茎的勃起不只是对性刺激的回应，触摸、摩擦生殖器，想要小便等都能使得阴茎勃起。男性胎儿在子宫里就能被观察到阴茎勃起。因此，父母不要将阴茎勃起与性感觉完全挂钩。这只是男孩的一种生理机能。

孩子在进行身体探索时，可能会因为触摸引起阴茎勃起，甚至体会到性快感。这与成人的自慰不同。孩子的自慰是一种自体的享乐行为（自己和自己玩），而成人的自慰则是建立在有性对象或性幻想的基础上的。

本章小结

依恋关系是儿童性发展过程中重要的关系，影响性心理的健康发展。因此在本章介绍0~3岁性教育的内容中，把依恋关系的建立放在最重要的位置。

3岁前的性教育主要通过孩子的自我探索与父母在生活中的适当引导共同进行。这也是父母容易忽略或误解的一个阶段。

5

好奇心宝宝的问题

3~6岁

如何回答“我从哪里来”

“我从哪里来”是学龄前儿童最常问到的问题。我们在《性教育顺利进行的三个技巧》一节处曾以 3 岁孩子为例讲过，回答这个问题时，一定要明确孩子的问题到底是什么，并根据孩子的认知程度选择适合孩子的表达方式及内容深度。下面我们来具体学习针对不同年龄段孩子如何回答这个问题。

三步回答“我从哪里来”

STEP 1：确定孩子的问题是什么

“我从哪里来”其实包含了好几种意思，首先要确定孩子问的到底是哪一个问题。所以，需要认真听孩子讲话，不要一听到这个问题就慌张不已。

STEP 2: 得到更多信息

除了问题本身，你也许会好奇孩子为什么问这个问题。他们是因为看到什么或者听到什么吗？爸爸妈妈之所以是最好的性教育启蒙老师，正是因为父母可以在与孩子关于性的交谈中，让彼此之间更加了解。回答孩子的问题不是一件严肃的任务，与孩子愉快地沟通与给出问题的答案一样甚至更加重要。**或许这个问题背后的故事更值得去关注。**因此，可以先像下面这样反问一下孩子，得到更多信息。孩子的回答可以帮助父母准确回答他们的疑问。

STEP 3：用孩子听得懂的语言回答，并观察孩子的反应

要一边回答一边观察孩子的反应，一点点回答孩子的问题。只要能满足他当前的疑问就可以了，不要试图长篇大论去解释。性教育与其他学科教育不同，讲述过多会让孩子陷入无法理解的混乱之中。

孩子在不同成长阶段会有不同的困惑，这些困惑产生于对生活的观察与思考。每一阶段的困惑解决了，会向下一步发展，并产生新的困惑，这是循序渐进的过程。因此，不要提前唤醒他们，以免产生更多困惑。

在依恋关系建立良好的情况下，孩子会放心地向父母提问。非安全型的依恋关系尤其是回避型依恋关系中，孩子即使有疑问也可能不愿向父母提出。

无论是否提出问题，一旦问题产生，若藏在心中无法解答，就会一直困扰着孩子。所以，父母不仅要回答孩子问题的表面疑问，也要关注和了解孩子对这一问题的理解程度。

按照大概年龄划分的回答举例

3 岁前

我从哪里来？

你是从妈妈肚子里来的。（手指向大概位置）

① 大概位置

3 岁到 6 岁

我从肚子的哪里来的？

妈妈肚子里有个地方叫子宫，你是从子宫里来的。

② 具体位置

我饿了怎么办？

妈妈吃了东西变成营养，会通过血液喂给你。

③ 生长过程

我是怎么出来的？

妈妈身体里有一个生命通道和子宫连接，你是从生命通道出来的。

④ 出生过程

如果此时孩子再进一步，要看生命通道的样子，可以和孩子一起看有相关内容的绘本。一起阅读的同时要强调这是妈妈的隐私，并不希望被其他人看到。

6 岁到青春期

爸爸有子宫吗？

只有女生有子宫，但是爸爸也起到重要作用。

我是怎么到子宫里的？（爸爸有什么用？）

妈妈身体里有卵细胞，爸爸身体里有精子细胞，爸爸和妈妈相爱，爸爸把精子细胞送到妈妈子宫里，卵细胞和精子一见面，就变成了小小的你。

爸爸怎么把精子细胞送到妈妈的子宫里？

爸爸有阴茎，妈妈有阴道，爸爸把阴茎放入妈妈的阴道，精子从阴茎出来射入到子宫里。

随着孩子年龄增长、孩子的问题逐渐深入，父母对“我从哪里来”相关问题的回答也层层递进。

若孩子继续提出要看阴茎如何放入阴道，可以一起看相关图书。

但如果这个年纪的孩子提出看爸爸妈妈如何“操作”，父母需要想一想学龄前的隐私教育是否没有强调到位。孩子的这个要求要拒绝，因为这是爸爸妈妈的隐私。

入学后，孩子还需要继续系统接受性教育，尤其是青春期前关于身体的改变，以及关于性器官等更具体的知识。

学龄前性教育的启蒙会成为入学后性教育的重要基础。

孩子都是哲学家

“我是谁”“我从哪里来”是孩子在 6 岁之前需要解决的重要问题。随着年龄的增长，人们再一次对这个问题感到困惑，就要到青春期，又或是成年饱经风霜之后。

这个问题是一个人儿时在心中种下的种子。如何看待自己，如何看待自己与世界的关系，以及将如何看待这个世界，都要从回答这个问题开始。

孩子通过生活来理解世界，得到非常朴素的认知。所以他们在理解“我从哪里来”这个问题时，总是根据现实经验来得出。

孩子的理解与思考能力也随着对这一问题的理解不断深入发展。

如果爸爸妈妈在回答这些问题时故意给出错误的答案，那么当孩子通过观察与思考发现矛盾时，疑惑会困扰孩子，进而阻碍他们心智的发展。

“我从哪里来”的“可教时刻”

一些孩子虽然从来没有直接问过这个问题，但他们在头脑中也一定思考过这个问题。父母可以通过以下时刻，了解孩子对这一问题的认知程度。

当在动物园或者电视里看到生产的动物或者怀孕的人时，如果发现孩子对眼前的情况感兴趣，便可以自然地问他：“你知道小动物（小宝宝）是从哪里来的吗？”

而后，父母可以根据孩子的回答来判断他们的认知情况，选择继续还是终止这个话题。右图是根据孩子的三种回答给予的建议。

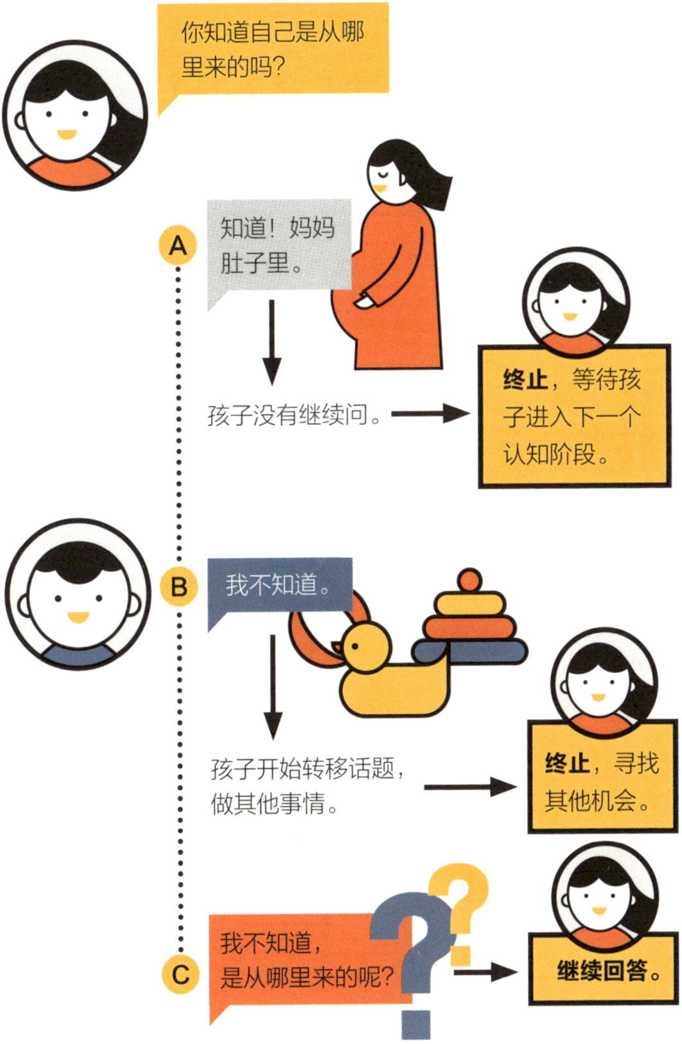
你知道自己是从哪里来的吗？
A
知道！妈妈肚子里。
孩子没有继续问。
终止，等待孩子进入下一个认知阶段。
B
我不知道。
孩子开始转移话题，做其他事情。
终止，寻找其他机会。
C
我不知道，是从哪里来的呢？
继续回答。

选择适合孩子的“生命”绘本

在回答孩子的问题时，可以和孩子一起阅读相关绘本，但要注意绘本内容的深度层次，选择适合自己孩子认知水平的绘本。

下面大致给出关于“我从哪里来”的 5 个深度层次的划分。

1

内容深度只涉及到“从肚子里来”的绘本。这类绘本一般更多强调孩子是爸爸妈妈相爱的结果，所以内容最好充满诗意的美感。这是孩子对生命认知的基调。

2

内容深度涉及妈妈的子宫。由“肚子”到“子宫”，概念上更进一步。

3

内容深度涉及精子进入子宫与卵子结合。可能会抽象化精子从阴茎出来的一步，但不涉及性交过程。

4

内容深度涉及阴茎进入阴道的过程，要强调爸爸妈妈相爱的前提。一般这个程度的绘本或图书在小学以后才会用到。

5

更科学的、更系统的人体知识图书可以在青春期前和青春期阅读。

“我们长得不一样”

在 3~6 岁，随着孩子对身体探索的好奇心不断增加，他们将不只在自己身上探索，还会开始将好奇心转移到其他人身上。

这时的好奇心主要表现在两个方面：一是自身的性感受，比如触摸自己的性器官、自慰；二是开始注意不同性别之间的区别，进行自己性别的识别。“我是男孩”“我是女孩”的认识逐渐建立起来。

此时在进行性别教育的同时，也要强调隐私教育。

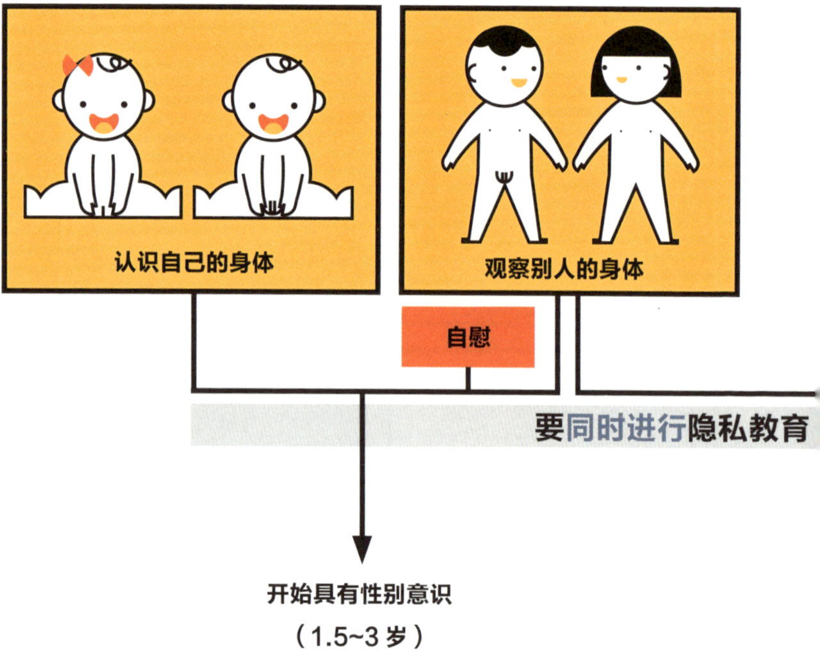

偷看洗澡

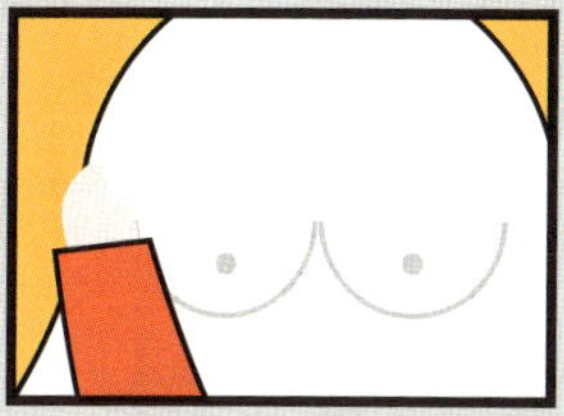

摸妈妈乳房

看小朋友上厕所

所有这些行为都是正常的。我们既要满足孩子的好奇心，又要做好隐私教育。不同年龄的隐私教育也是不同的，关键是要使用孩子能够理解的方式来告诉孩子隐私的概念。

隐私观念的建立

形成儿童期的性别意识
（3~6 岁）

性别教育的“可教时刻”

好奇心促使孩子触摸自己和观察别人，渐渐发现男女性别的存在。此时就是性别教育的“可教时刻”。在进行性别教育的同时，最好同时进行隐私教育。但是，隐私教育并不一定要提到“隐私”两个字，除非你的孩子已经能够理解这两个字的意思。

发现孩子开始对自己的身体感兴趣时，可以在孩子触摸自己的生殖器时说：

“你是男孩，这是你的阴茎（小鸡鸡）”或者“你是女孩，这是你的外阴”。

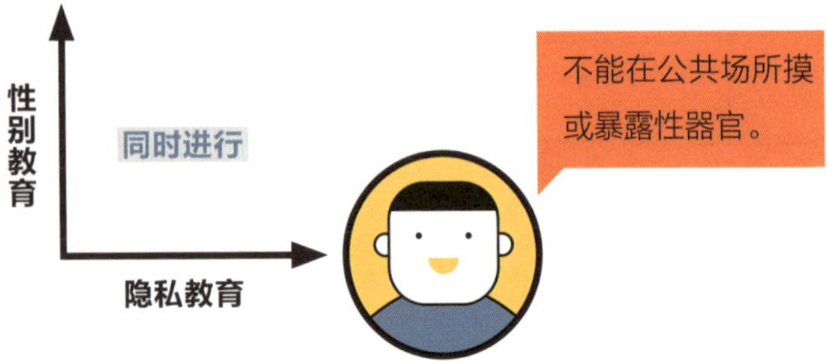

发现孩子开始对别人的身体感兴趣，比如盯着其他孩子露出的性器官看时可以说：

“他和你一样，是男孩，他也有阴茎（小鸡鸡）”或者“她是个女孩，她和你长得不一样”。

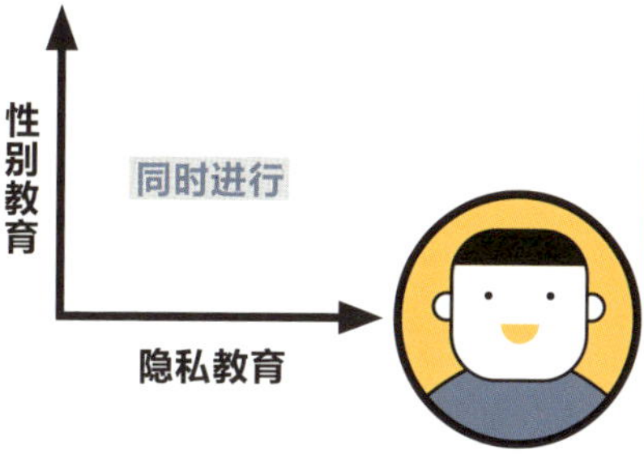

我们的性器官不能给其他人看，这是我们自己的小秘密。

女孩的小鸡鸡在哪里？

有的爸爸妈妈被孩子问到这个问题时不知道要怎么回答。我们可以看看不同的回答方法分别会有怎样的影响。

“女孩没有小鸡鸡。”

在孩子的头脑中，“没有”意味着缺失，是不好的事情。自己有女孩没有，男孩会有心理上的优越感，同理，女孩也会产生自卑感。

“女孩也有小鸡鸡，但是和男孩的长得不一样。”

这样回答，无论男孩还是女孩，都不会产生不平等的感觉。如果男孩继续追问，女孩的小鸡鸡在哪里，可以回答：“女孩的小鸡鸡长在里面。”

在回答孩子这类问题时，原则是要实事求是。如果孩子是求证式的提问，父母只要回答是或不是即可，不用过多解释。如果孩子问的是开放式问题，则只要回答到满足当前疑问就好。

像“女孩是否有小鸡鸡”这样的问题，回答有或没有本质上都没有错误，但却反映了长久以来社会文化下人们对男女平等的看法。这是性价值观的体现，需要爸爸妈妈格外注意。

为什么孩子会偷看异性家长洗澡?

洗澡是很好的“可教时刻”，是让孩子充分了解异性身体，从而了解自己的好时机。

有的孩子可能从来都没有和异性家长一起洗过澡，或者在分开洗澡之前，没有关注过异性家长或其他异性的身体。孩子对异性的好奇心没有得到完全满足，所以才会偷看。

孩子的好奇心越早满足越好，只有好奇心得到充分满足后孩子才会转移他的兴趣。

如果孩子年龄较大，爸爸或者妈妈觉得过于尴尬，可以尝试使用有关人体器官的绘本帮助孩子了解相关内容。孩子的好奇心是否得到真正的满足，还需要通过日后的观察来判断。

孩子要看父母的生殖器怎么办?

孩子在洗澡时提出这样的要求是很自然的事情。尤其在妈妈回答男孩“女孩也有小鸡鸡”时，有些男孩会进一步要求看看妈妈生殖器。

女孩可以很直观地看到爸爸的生殖器，但是男孩看妈妈的生殖器却没有那么“方便”。此时妈妈不要慌张，因为女性的生殖器本身也不是一个像阴茎一样可以明显看到的部位，所以只要告诉孩子：因为女孩的小鸡鸡不是长出来的，所以很难看到，不过我们可以一起看看绘本。

如果 6 岁前的孩子仍旧要求要看妈妈的“小鸡鸡”，且妈妈没有心理障碍（感到十分尴尬）的情况下，可以在洗澡的时候让孩子看，但同时务必强调，只能看一次，这是妈妈的秘密部位。

孩子可以与异性家长洗澡到几岁?

若父母与孩子一起洗澡感到不自在，就不要在一起洗澡了。

爸爸妈妈从来不会因为和婴儿一起洗澡而感到尴尬。在父母眼中，婴儿就像洋娃娃一样，无关性别。不过，孩子慢慢长大，懂得越来越多，当他们的目光慢慢开始集中在父母，尤其是异性家长的身体上时，就是要开始逐渐分开洗澡的信号。尤其是**当孩子的“学习”需求得到满足以后，孩子与异性家长就要分开洗澡了。**

在父母与孩子一起洗澡这件事上，可以分为两种情况，它们各有优缺点:

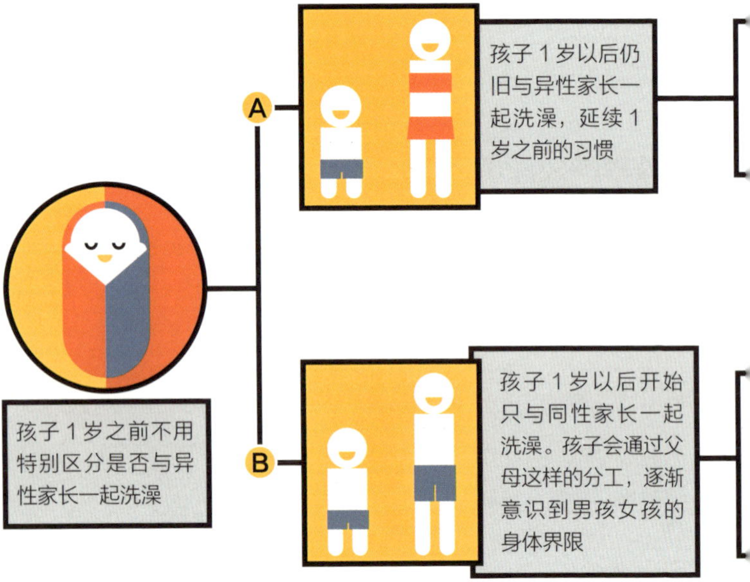

异性家长何时退出给孩子洗澡的舞台，要根据家里实际情况来考虑。无论早晚，都各有优劣。父母需要不断关注孩子的成长，才能做出最适合自己家庭的选择。

此外，即使是同性家长在与孩子洗澡时，也要循序渐进地教给孩子如何自己洗澡，**尤其是如何清洗生殖器**。这点很多父母都要注意，个人卫生也是性教育中必不可少的一部分。

优点 可以在洗澡时观察异性家长身体

缺点 父母可能会逐渐感到尴尬

优点 从小就有男孩女孩身体界限的概念，无须特别强调

缺点 可能缺乏对异性身体的了解，需要从其他途径满足孩子的好奇心

两种过程中父母分别需要提供的帮助

↓

要在洗澡时与异性家长逐渐分离，需要强调男孩女孩之间的身体界限

阅读身体认知方面的绘本

满足孩子“偷看”的要求

幼儿园厕所要男女分开吗？

曾经有位妈妈非常苦恼，孩子上幼儿园之前，她给孩子进行隐私教育时和孩子强调上厕所男女要分开。然而上幼儿园以后，孩子回家对她说，为什么幼儿园的厕所男女是不分开的？

幼儿园的厕所不做隔断与性别区分，主要是因为空间有限，以及出于安全的考虑。

我们在做隐私教育的时候，要考虑到实际情况，选择适合自身情况的方式和内容。

我国大部分幼儿园的厕所男女是不分开的。如果坚持强调厕所男女分开，那么在孩子入园之前，父母就要对幼儿园进行实际考察，选择厕所男女分开的幼儿园；或者和幼儿园老师沟通，寻找可以共同解决的方法。

不过，一般孩子 3 岁左右入园，这个年龄的孩子若有观察异性身体的需求，幼儿园的厕所会是非常自然的观察场所。从小班到大班的 3 年里，我们可以强调身体的隐私部位，但不去强调幼儿园的厕所如何，只在有条件的环境下再告诉孩子男女厕所是分开的。

孩子对身体的好奇心得到满足，性别意识建立起来，隐私意识也会同时建立，这是一个逐渐、同时成长的过程。所以在进入小学以后，孩子都会知道上厕所时男女是分开的。

上厕所时的性教育过渡

1

幼儿园上厕所时偷偷观察其他小朋友。

2

在家里上厕所逐渐独立，比如关上厕所门。

3

在公共场所厕所男女分开，建立性别意识。

儿童性教育绘本的选择

我们除了在“可教时刻”帮助孩子认识人体器官的区别，了解男生和女生的不同以外，还可以进一步和孩子一起阅读相关内容的绘本，以弥补孩子自己观察时的不足。

不过在选择性教育绘本时要注意以下问题。

国内出版的儿童性教育绘本在使用时可能存在三个问题：

1. 引进版的绘本，其性价值观和国内或自己家庭的情况不完全一致，书中有些做法并不适用。因此，要选择适合自己家庭情况的绘本。
2. 大部分性教育（故事）绘本一般没有按年龄细分的使用指导，即使有，不同的孩子实际发展情况也不同，所以父母首先要了解自己孩子的情况，不要急于给孩子阅读可能造成困扰的性教育绘本。
3. 有些绘本因为出版时间比较早，知识点没有更新，存在错误。

由此可见，父母不能完全依赖于绘本进行性教育。绘本只是辅助的阅读材料，家庭性教育的老师是爸爸妈妈。选好阅读材料是父母自己应做好的功课。

因此，爸爸妈妈在选择绘本时，先要自己阅读，了解书中具体讲了哪些内容，讲到什么程度。然后**根据孩子的实际需求与认知程度，有选择或者有删改地进行阅读**。

“我们不一样”，仅仅是性别吗？

孩子在成长过程中，会认识到性别的不同，也会发现世界上很多事情都和自己见到的情况不一样。父母可以在生活中帮助孩子打开视野，用更开阔的心态认识世界。

“我的性游戏”

下面的图表对儿童性游戏进行了总结，并给出了对应的解决方法。

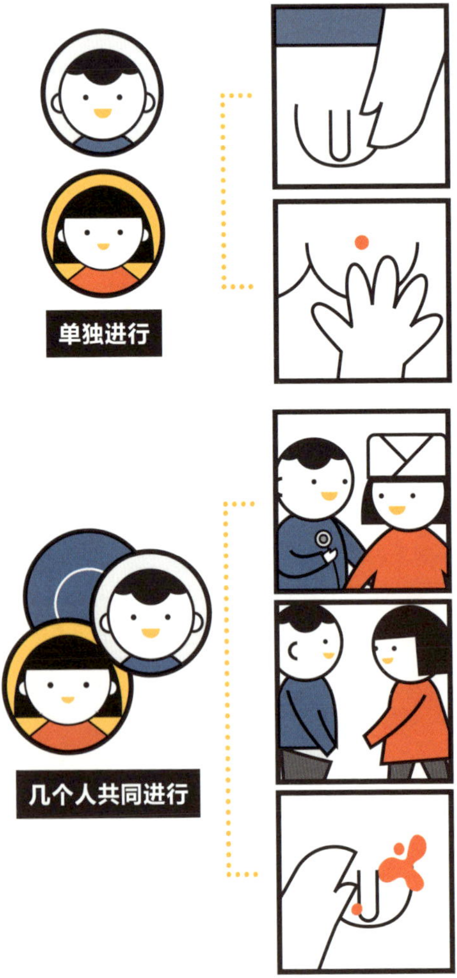

自体享受的性活动（自慰）。只是基于对自身性感受的喜好。

具有性对象的自慰。性感受基于其他人或物，如触摸妈妈乳房自慰等。

性别角色扮演的游戏。体会不同性别的社会角色。如扮演爸爸妈妈，或者医生护士等。

探索性器官的游戏。如孩子们互相观看、触摸性器官。

伤害性的性游戏。对孩子的身体具有伤害性，比如有对性器官的插入动作等。

一些父母在看到孩子进行性行为（性活动）时会十分恐慌，认为这是孩子性早熟的表现。但孩子的性行为大都与成人的不同，很多仍旧是一种性探索的自体行为。孩子通过这种游戏式的探索，会更加了解自己，进行性别识别。

强调隐私行为，注意不要过于频繁，可以通过运动等转移孩子注意力。

强调隐私行为，注意不要过多，可以通过运动等转移孩子注意力。

观察孩子平时的行为，是否有引起性唤醒的事件发生，如看色情网页等。

正常角色扮演的游戏不用担心，这是孩子性别识别与社会认知的环节。

如果只是出于对其他人身体好奇的观察或触摸，不要担心。

但是满足好奇以后，还要强调隐私教育。

要**及时制止这类游戏**。进行隐私教育，但注意不要用批评的态度。

调查孩子的行为来源。

确保游戏中的孩子不离开父母的视线。

本章小结

3 岁以后，随着孩子行动能力、认知能力的增强，以及逐渐参与到社会活动中（幼儿园），孩子的性教育将主要围绕回答“我从哪里来”“男孩女孩不一样”等问题，以及孩子的性游戏来进行。（预防性侵犯教育在第 6 章讲述。）性教育过程中需要父母掌握选择绘本等阅读材料的能力。

6

勇敢说“不”远离儿童性侵犯

远离儿童性侵犯是全家的事

随着国内越来越多关于儿童性侵犯事件的报道，爸爸妈妈开始重视预防儿童性侵犯的教育。但是，焦虑的父母常常将教育重点放在技能教育上，却从未考虑过儿童是否有足够的能力使用这些技能。过度的、不恰当的教育可能会让儿童对社会交往产生恐惧感。

父母强调过度……

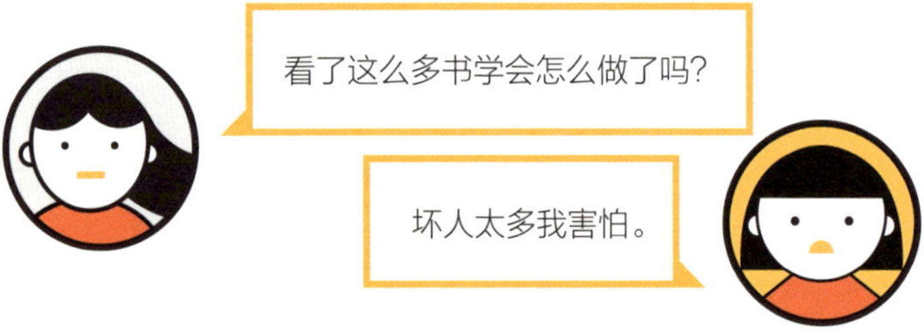

父母语言诱导……

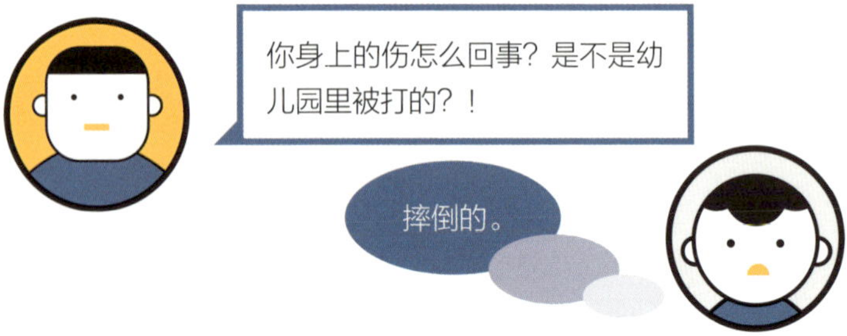

在面对性侵犯者时，孩子永远是弱势一方，期待通过对孩子进行训练来完全避免性侵犯的发生，是不切实际的。父母需要更多地了解性侵犯，努力做到及时预防，避免让孩子处于危险的环境之中。

预防性侵犯不仅仅是教导孩子……

爸爸妈妈自己要知道的事

什么是儿童性侵犯
什么是儿童性侵犯行为
性侵犯者都是什么样的人
性侵犯者都有哪些常用手段
让孩子说“不”的心理基础

爸爸妈妈应该自己做到的事

健康家庭环境的营造

爸爸妈妈要让孩子知道的事

什么是隐私部位
什么是身体的界限
对不愿意的事情要勇敢说“不”
有任何事情都要告诉爸爸妈妈

爸爸妈妈应该知道的事

在爸爸妈妈急于按照网络视频或绘本给孩子进行性侵犯教育之前，首先应该先明白到底什么是儿童性侵犯。

什么是儿童性侵犯

根据《联合国儿童权利公约》，**儿童是指 18 岁以下的任何人**，包括人们平常所说的“儿童”和“青少年”。

世界卫生组织（WHO）对于“儿童性侵犯”的定义是：
使尚未发育成熟的儿童参与其不能完全理解，或无法表达知情同意，或违犯法律，或触犯社会禁忌的性活动。

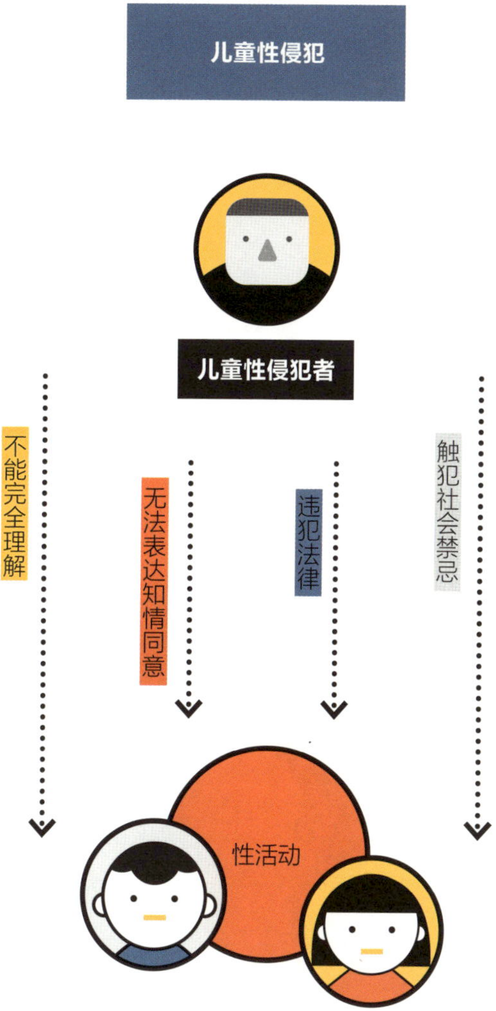

在这个定义中，几个“或”字所代表的情况最终全部指向“性活动”。到底什么是性活动？只有带来身体伤害的才是性活动吗？

这些都是性侵犯

我们常常听到的关于性侵犯的报道，一般都是情节比较严重的，比如对儿童身体造成可见损伤的性侵犯。然而，除了造成直接伤害的行为以外，还有很多容易被父母忽略的行为都属于性侵犯行为，所以尤其需要注意。

身体直接接触的性侵犯常常发生在一些私人场所，或一些隐蔽角落。又因为这种性侵犯大多发生在熟人之间，所以父母要尽量确保孩子在可视范围内，或者由可信赖的人看护。

隐私部位是指内裤、背心遮盖的身体部位，特别是生殖器（女孩的会阴，男孩的阴茎或睾丸）、肛门、乳房等处。

非身体接触的性侵犯

偷看儿童洗澡、上厕所、换衣服

向儿童暴露生殖器

- 要求儿童暴露生殖器。
- 鼓动或强迫儿童自慰或观看别人自慰。
- 鼓动儿童露体或做性动作。
- 鼓动儿童做出性行为。
- 让儿童与别人性交往。
- 引诱或强迫儿童观看或制作色情图片、书刊或音像。
- 做出有性含义的体态。
- 引诱或强迫儿童观看成人的性活动，包括在现场或用科技手段。

通过互联网进行的性侵犯

互联网性交往或性活动是通过互联网对儿童进行非身体接触的性侵犯。与一般非身体接触的性侵犯的区别是利用了互联网来进行。尽管不与性侵犯者面对面，却能达到同样的效果。

- 向儿童传递色情图片和影像。
- 在线对儿童进行性诱惑。
- 要求儿童在镜头前脱衣服、露体、做出不雅动作，或者把这些过程摄录下来，制作色情图片和影像，私自保留或在网上传播。
- 利用儿童的色情图片和影像威胁儿童外出见面，强迫儿童发生性行为，或做出其他的性剥削行为。

世界卫生组织《2014 年全球预防暴力状况报告》指出:

全球范围内每 5 名女性中就有 1 名，每 13 名男性中就有 1 名在 18 岁之前受到过性侵犯。在某些国家甚至每 3 名女童中有 1 名受性侵犯。

一项对中国 6 省市 6 所普通高校 2508 名大学生的回顾性调查研究结果显示: 24.8% 女生和 17.6% 男生在 6 岁之前经历过性侵犯。

男女生 6 岁前经历性侵犯比例图

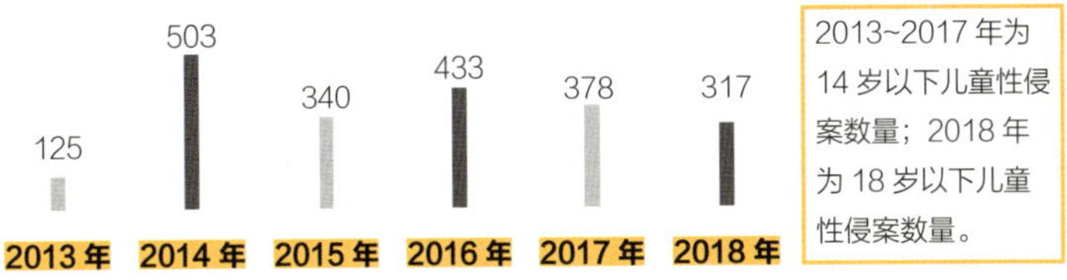

2013~2018 儿童性侵案数量图

中国少年儿童文化艺术基金会女童保护基金发布的 2018 年报告 * 指出了在 2013 至 2018 年之间媒体公开报道的性侵儿童的案件数量。其中，2018 年媒体公开报道的性侵儿童案件中，女童遭性侵的人数占比 95.74%，男童遭性侵的人数占比 4.26%。不过男童的性侵案件更具有隐蔽性。

* 详细报告可参阅：http://m.sohu.com/a/298646877_99996733

要点 1

性侵犯者可能是任何人

很遗憾地说，我们无法仅仅根据身份和外表就识别出性侵犯者。性侵犯者可能看起来是好人，可能是慈善家；也可能是受人尊敬的人，甚至可能是受孩子喜爱的人。“衣冠禽兽”是最适合描述性侵犯者的词语。因为只有这样，他们才有机会接近孩子。

男 / 52 岁 / 企业家
女 / 41 岁 / 家庭主妇
男 / 14 岁 / 初中生
男 / 64 岁 / 医生
女 / 29 岁 / 设计师
女 / 37 岁 / 编辑

要点 2

大多数性侵犯者是儿童认识、熟悉或信任的人，甚至就是儿童的家人

因为性侵犯行为具有隐蔽性，所以发生在熟人之间的概率更高。换个角度看，如果父母注意与孩子亲近的人，可以帮助降低一半以上性侵犯的风险。

美国社区人口调查结果显示：

- 70%~90% 的性侵犯者是儿童认识并信任的人。
- 其中，30%~40% 的儿童被家人性侵犯。

要点 3

未成年人也会成为性侵犯者，性侵犯者也有可能比被侵犯儿童年龄还小

绝大多数的侵犯者是男性，但是也有女性。

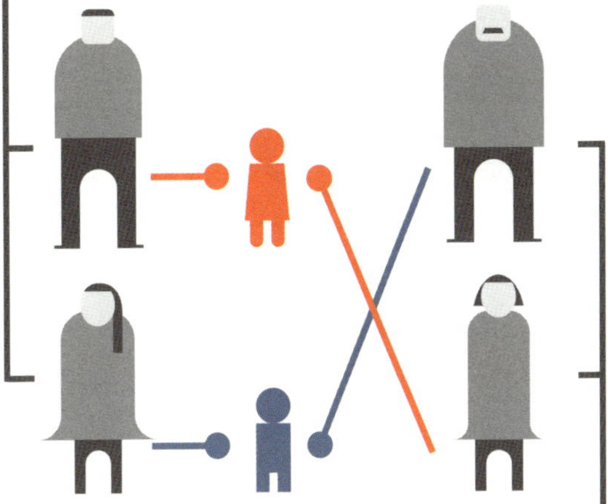

侵犯者可能是异性，也可能是同性。

性侵犯者的常用手段

利诱儿童及其保护者

这类性侵犯者对于儿童和其保护者来说，一般掌握着一定特权，可以给予孩子和其保护者“好处”，从而让儿童及其保护者放松警惕，增加孩子与其单独接触的机会。

“好处”不只是像金钱、礼物等物质上的东西，还可能是一些权利，或提供一些帮助与额外照顾。

我们从小受到的教育都是不要去恶意揣度别人的好意。但是在我们对对方并不了解的时候，让孩子单独与其他人在一起势必要承担一定的风险。

混淆“身体界限”

这类性侵犯者会在家长面前故意但又并不过分地触碰儿童的非隐私部位（如头、脸、肩、背等）。这些行为在父母眼里或许只是对方表示对孩子的喜爱，但却会让儿童误以为家长允许侵犯者任意触碰自己身体。

不能认为儿童就可以被人随意触碰身体，这是我们在以前的教育中非常容易忽视的问题。曾有新闻报道，在车站某男人一边抱着一个小女孩一边把手伸进小女孩的衣服肆意触摸，而小女孩旁边看似是家人的成人都毫无反应。可见不仅是孩子，很多成人对身体界限也没有概念。

心理操控

很多性侵犯者都让儿童以为他们说的、做的都非常正确，他们才是好人。如果孩子对身体界限不清楚，或是对成人盲目顺从，那么即使他们感觉不舒服，也会认为是自己的问题。

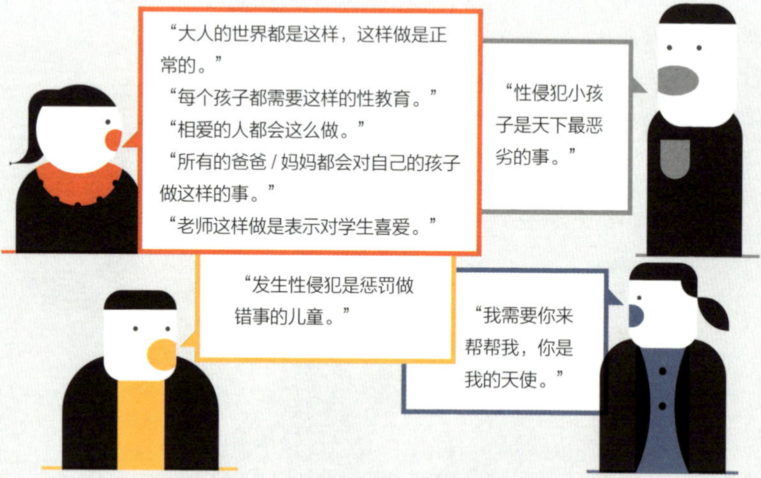

以上都可能是性侵犯者对孩子说的话。

恐吓威胁

性侵犯者可能还会利用武力或威胁，迫使儿童接受性侵犯的行为，并且为其保守秘密。

不是所有的性侵犯行为都会造成可观察到的身体伤害，即使受到严重性侵犯的儿童也可能没有任何身体症状。所以家长既应该在平时洗澡、换衣服时注意观察孩子的身体，又要多与孩子沟通，了解孩子在日常生活中发生的事情。

留守儿童是儿童性侵犯案件发生的主要群体之一。这些孩子长期缺乏父母及亲人的关注，有些甚至遭到亲人的性侵犯。

媒体还曾经报道过家教老师多次性侵犯学生的案件。孩子虽然及时告诉父母，但因为父母不信任孩子的话，在安装摄像头后才发现孩子所言不假。家长对孩子的忽视与对某些群体的盲目信任，以及侥幸心理是让孩子陷入危险的主要原因。

爸爸妈妈需警惕的七类人

1

有儿童性侵犯前科的人。

2

有反常性行为和性观念的人。

3

常看色情书刊或音像制品，收集儿童色情图片或视频的人。

4

经常有意或“无意”地观察或触碰孩子身体的人。

对孩子过分亲热、过分关注的人。

6

热衷于与孩子谈论性话题的人。

7

经常找借口单独和孩子在一起的人。

孩子学会说“不”的心理基础

简单服从 = 惰性思维

我们的社会文化通常教导孩子要绝对服从成人教导。久而久之一些孩子会变“乖”（一些则会叛逆），但也习惯性地认为成人就是正确的，不能质疑和反抗。

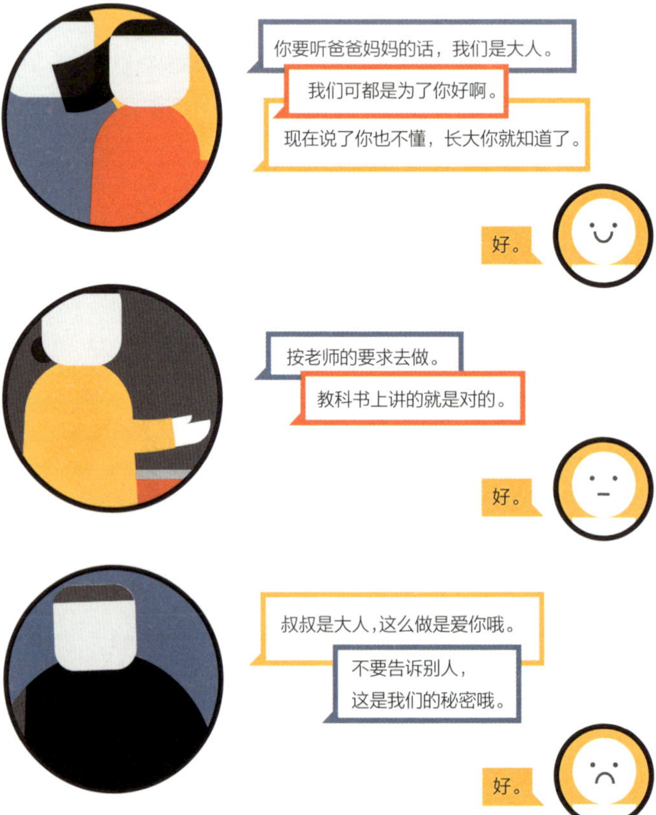

孩子对成人的简单服从逐渐成为一种思维模式，从根本上说这是一种惰性思维。家长或教育者不讲明道理，急于让孩子服从自己，也是出于惰性。

成人不愿意去说明自己的道理，一方面是因为和孩子讲清楚一件事比和成人讲更有难度，更需要耐心；另一方面，有时成人自己的逻辑也是混乱的。

因此，**让孩子学会说“不”的心理基础是要让孩子有独立思考的习惯和选择的权利**。孩子对成人的话不应是简单服从，同时成人也要尊重孩子的选择。家长在与孩子的日常交流中可以强调规则，但不能强调服从，而是应努力让孩子理解规则。

家庭规则以及社会规则的建立都是为了家庭和社会有序运行。**家长对孩子的要求，应该简单、科学、合理**，而不是出于父母权威。

只有在这样的前提下，我们告诉孩子“你可以拒绝别人”时，孩子才有自己能做到的心理基础。

控制情绪≠禁止说“不”

认识情绪，并在合适的场合、用恰当的方式进行情绪的表达是一项很复杂的技能，很多成人都不能完全明白和控制自己的情绪。

人类对情绪的控制能力是一步步逐渐建立起来的。

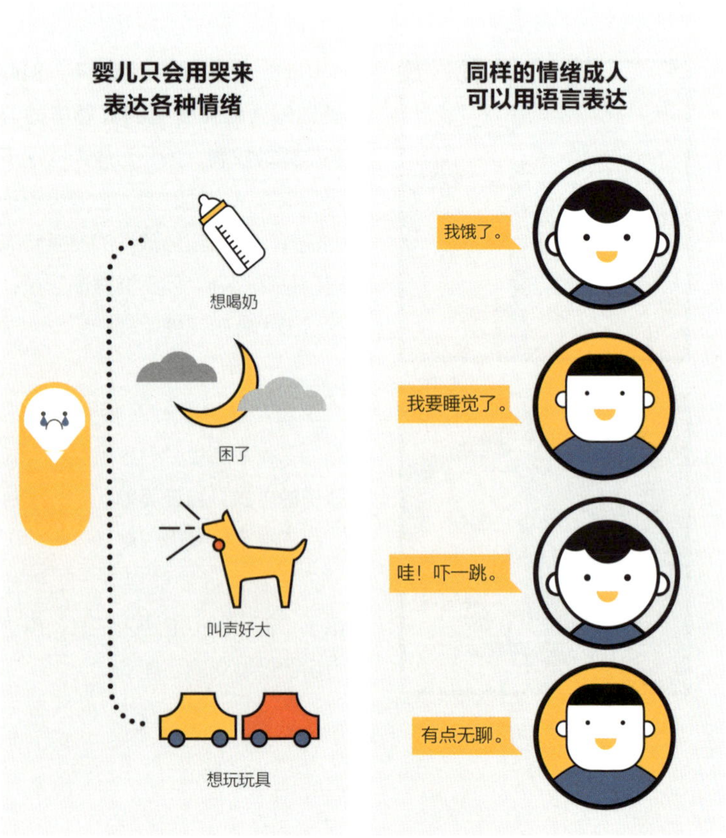

一些家长认为，孩子只要有情绪就是不好的表现。所以在平时的教养中，总是会要求孩子不要发脾气，要乖巧，要尽早学会情绪控制。但家长的这种要求很容易让孩子把控制情绪与禁止说“不”画上等号。

真正的情绪控制是建立在了解自己情绪基础上的。喜悦、愤怒、悲伤、恐惧、孤独、嫉妒、安心……这些情绪对于孩子来说要慢慢了解，需要一定的时间。爸爸妈妈要在孩子成长过程中帮助孩子去认识自己的情绪，而不是一味要求控制情绪。

控制情绪≠禁止说“不”。因为孩子经常在无法达到自己意图时发脾气，所以我们常常将这两者混淆。

在遇到让自己不舒服的情况时，敢于表达出来，甚至在被触摸隐私部位时敢于说“不”，才是正确的表达。

爸爸妈妈应该做到的事

留意孩子所处环境的安全性

留意学校、公园、公交车站，以及孩子接触的互联网的信息。留意与孩子亲密接触的人，无论是谁。

不要让孩子独自在外过夜

不要让不熟悉、不可靠的人单独与孩子在一起

男女平等，养育孩子是爸爸妈妈共同的责任

男女平等的观念是通过爸爸妈妈一起承担家庭责任来体现的，最直接的表现就是，孩子的教养需要父母共同参与。

不嘲笑孩子，帮助孩子抵御外界伤害

永远不要用孩子的不完美之处嘲笑他，尤其不要用性器官开玩笑。爸爸妈妈要帮助年幼的孩子拒绝令孩子不舒服的行为。

6

每天都与孩子聊天、玩耍、阅读，
建立亲密的家庭关系

儿童遭受性侵犯的识别

身体伤害的表现

尽管性侵犯不一定会造成身体上的伤害，但是当出现以下这些情况时，孩子有可能已经遭受到了性侵犯，父母要耐心询问并带孩子到医院接受进一步检查。

衣服上有撕裂的痕迹，或有污迹甚至是血迹。要区分孩子摔倒或打架时出现的情况。

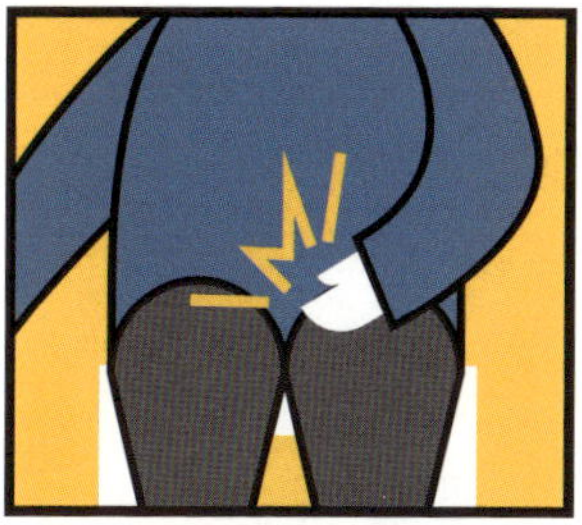

行动出现异常，尤其当行动会触碰性器官时，比如走路、坐下等。

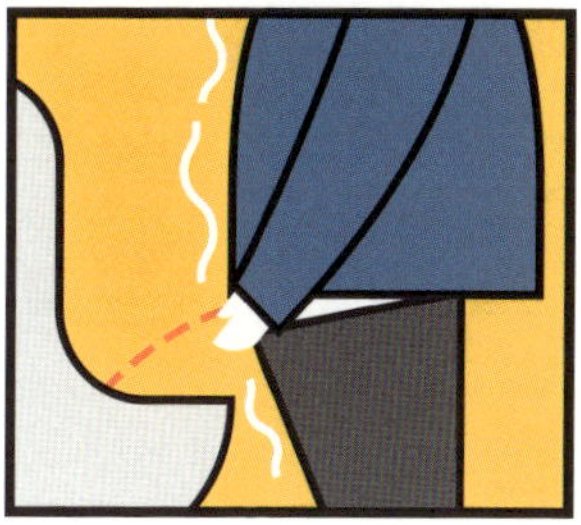

生殖器官、肛门、口腔异常，比如肿胀、出血、排便疼痛等。

由外至内，发生异常

行为异常的表现

被性侵犯的儿童行为表现与提前性唤醒的一些表现很相似，所以遇到以下这些情况时，需要特别注意，并和孩子进行沟通。

过度好奇的行为

无论是画画、言语表达还是其他行为上，都表现出对性的过度好奇。

要注意的是，孩子看到色情网页或者看到父母做爱，也会受到隐性的性侵犯，也可能产生对性的过度好奇。

模仿的行为

表现为对其他孩子进行性侵犯。但要区分性游戏与性侵犯的区别。性游戏一般是平等自愿的，性侵犯是强迫、威胁或诱惑性的。

有些孩子在做性游戏时，也会有性活动发生，要及时制止。一部分性侵犯者都有儿时遭受性侵犯的经历。被性侵犯的儿童有时也会转向侵犯其他儿童。

发展倒退的行为

当孩子受到伤害或惊吓时，有时会出现行为倒退的现象，比如尿床、吃手、摸性器官等。这些行为大都是儿童性发展过程中经历过的。但若突然又出现这些现象，需要父母格外重视。

其他因怕而生的行为

表现为容易生气愤怒或哭泣，导致正常的日常生活也出现问题。这说明孩子心中存在深深的恐惧，需要父母及时给予帮助。

发现异常时的沟通与处理

年纪小无法讲清楚的孩子

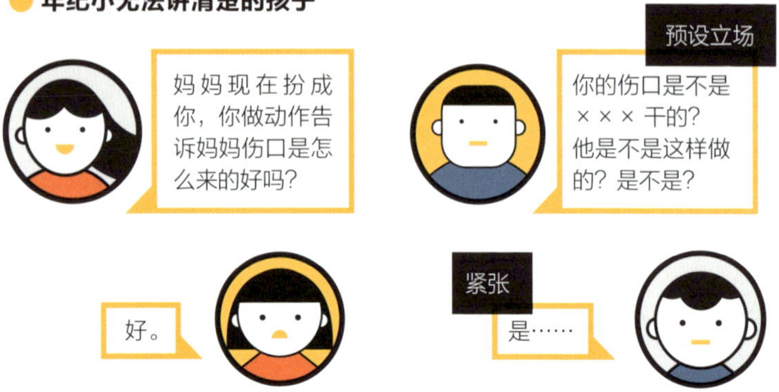

当年纪小的孩子还无法讲清楚自己遇到的事情的时候，可以通过角色扮演的方式（如父母扮演孩子），让孩子演出当时的情况。

但要注意的是，父母一定不要预先设定立场，诱导孩子做出或说出父母自己的猜测。也不要反复问同样的问题，父母的焦虑会影响到孩子。当父母的意图过于明显时，孩子会产生心理负担，可能会为了安抚父母说出父母想要的答案。那些认为“孩子说的一定是真的”的父母其实低估了孩子判断形势的能力。

如果确认孩子遭受了性侵犯，要确保孩子不再陷入同样的困境中，并及时报警。

若性侵犯者是14岁以下的儿童，其监护人同样需要承担责任。受到性侵犯的孩子如果异常行为明显，要带他去医院寻求专业心理医生的指导。

当孩子主动告知时

要同孩子强调隐私，进行预防性侵犯教育，强调告诉父母是正确的行为。如果再遇到同样情况，无论对方是谁，一定要坚决说不并且离开。父母要让孩子避免再次陷入同样情况，情节严重的要及时报警。

对孩子来说，他们认为的好人（如亲人、朋友等熟悉的人）若通过哄骗的方式进行性侵犯，孩子往往很难坚决拒绝。所以预防性侵犯的教育需要反复强调。但孩子是弱势群体，预防性侵犯教育并不能保证完全避免意外的发生，只能最大程度地降低发生的可能性。

当父母发现孩子之间进行有伤害性的性游戏时

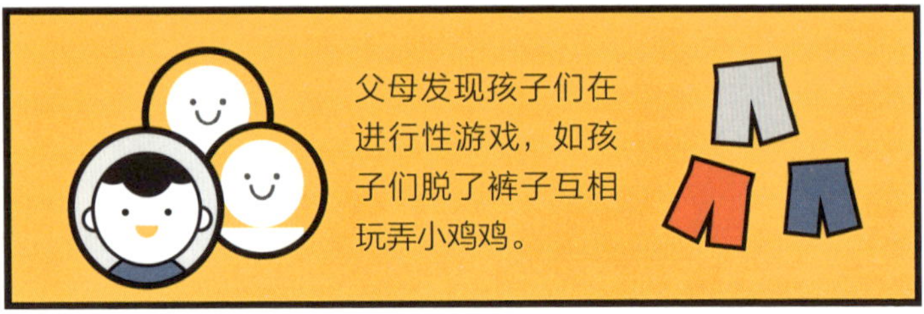

可以这样说让孩子们停止：

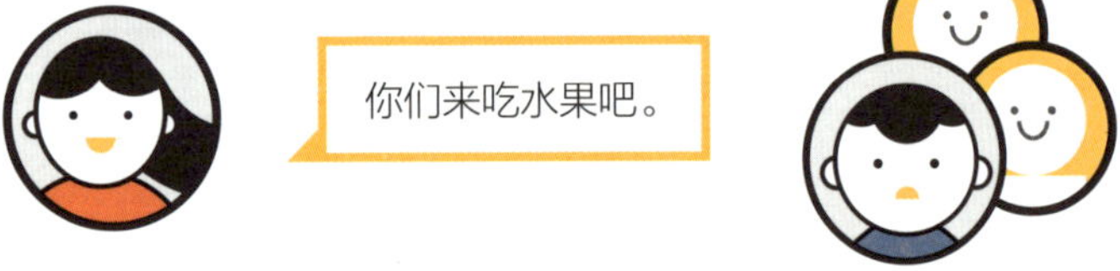

然后可以单独和孩子说：

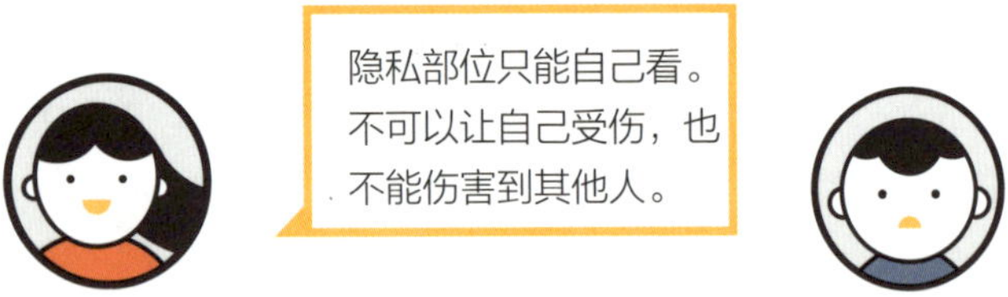

对于孩子的性游戏涉及伤害性的性活动行为，父母需要及时巧妙地制止，但不要当众打骂训斥孩子，而要与孩子单独交流，和孩子强调隐私教育，指明这样的行为是不允许的。如果参与的孩子有攻击性的性行为，则需要告知他们的父母，他们的孩子可能看到不适宜的内容，甚至遭受过性侵犯。

当孩子看到父母做爱时

让孩子看色情画面或影像属于非身体接触的性侵犯。尽管父母不是故意让孩子看到父母做爱的场面，但与性侵犯的结果是相似的。而且，由于参与者是父母，所以对孩子的心理影响可能更加复杂。

原则一：父母不要在与孩子共处同一房间时做爱。

孩子是否睡着，是否会被吵醒，是否会自己醒来，这些都很难判断。有心理学家认为，即使孩子睡着，父母做爱时的声音也会随着潜意识影响到孩子。

原则二：父母做爱时要把房间门锁好。

即使孩子与父母不在同一房间，也有可能突然进入父母的房间，因此只要孩子在家，父母做爱时就要将门锁好。

原则三：被孩子发现时不要惊慌，更不要大声呵斥孩子。

被孩子看到做爱场面是父母的失职，不应将怒气发到孩子身上，加剧孩子的恐惧。

若孩子愿意交流，则可以由同性别家长与孩子沟通，了解孩子看到什么，有什么疑问。

若孩子不愿意马上交流，则可以再找机会（如第二天）由同性别家长与孩子沟通。

回答要点

- 搞清楚孩子看到什么。
- 爸爸妈妈不是打架，并没有人受伤。
- 这是爸爸妈妈之间一种爱的表达方式。
- 这是爸爸妈妈的隐私活动，如果关着门，进门要敲门。
- 因为是爸爸妈妈的隐私，所以不要和别人讲。
- **不要讲述性交细节！**

爸爸妈妈应该教给孩子的事

了解隐私部位

不同年龄有不同的讲解深度

要让孩子从小具备隐私部位的概念，需要从认识器官开始。

在孩子 3 岁以前，不用特别强调“隐私”二字，隐私对于幼儿来说不容易理解，只要在生活中强调不要暴露一些“重要部位”就可以了。

随着孩子对隐私部位实际意思的理解，可以逐渐告诉孩子这些部位叫作隐私部位。

哪些行为不被允许

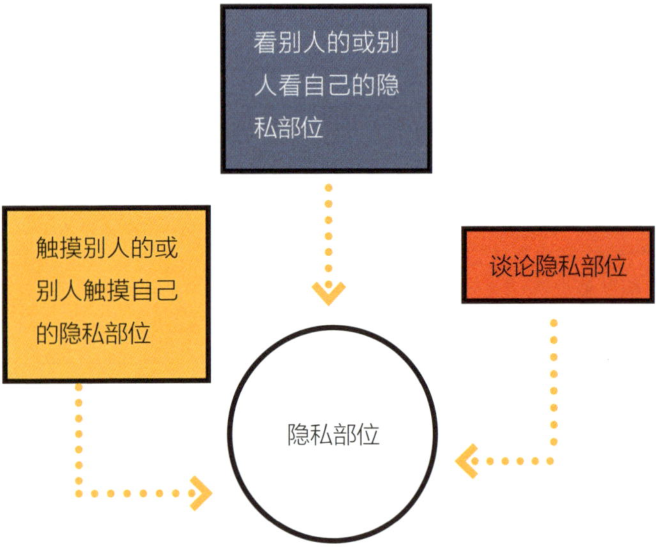

单独和 D 组以外的人在一起

与 C 组以外的人拥抱、背、亲吻

（C 组、D 组见 P178）

有哪些例外的情况

以下 4 种情况是例外情况，需要爸爸妈妈和孩子共同讨论出 4 组人名单，分别适用于不同情况。

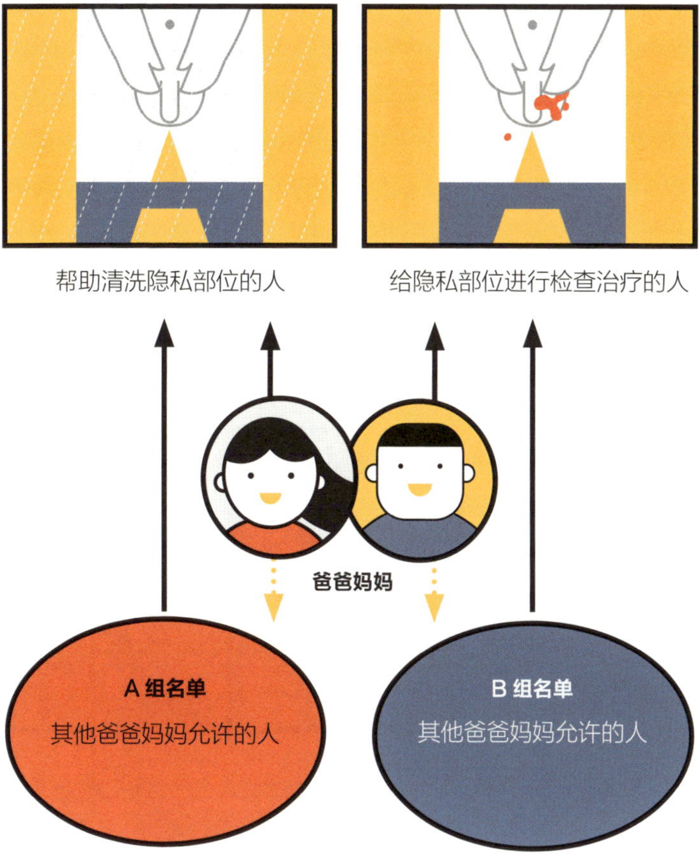

C 组

爸爸妈妈允许的可以拥抱、背、亲吻的人

D 组

爸爸妈妈允许的可以单独在一起的人

以上四组名单不一定相同

在右页记录下属于自己孩子的四组名单

遭遇性侵犯时要做的事

如果爸爸妈妈不在身边，告诉身边的成人自己遭到性侵犯又没有人相信，则要想办法继续告诉其他人，努力寻求帮助。但要记住，**不要与性侵犯者搏斗。**

A组名单

B组名单

C组名单

D组名单

隐私教育要双向进行

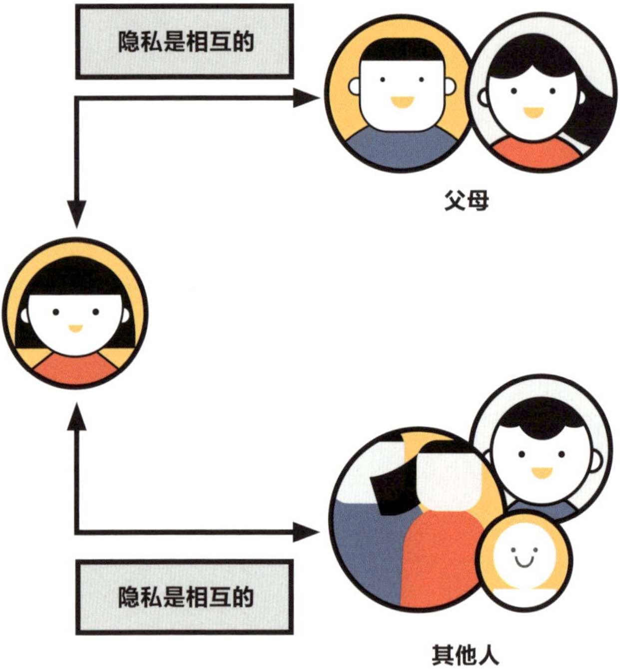

谈到隐私教育，我们首先想到的总是如何让孩子保护自己的隐私部位，却常常忘记教给孩子，**隐私是相互的，我们也要尊重别人的隐私。**

因为隐私教育做得不完整，很多孩子在与父母相处时不会区分与父母身体的界限；与其他人相处时，虽然懂得保护自己，但却不懂得尊重他人。因此在性教育中，隐私教育需要双向进行。

他人的隐私也要尊重

不偷看别人的隐私部位。

不在公共场所摸生殖器，不谈论和生殖器有关的内容。

和其他人相处（包括父母）要有身体界限。在父母关门换衣服时要敲门。不可以直接掀开妈妈的衣服。

最后……

无论儿童性侵犯事件是怎样发生、在哪里发生的，都不是受害儿童的错，而是性侵犯者的错。儿童性侵犯事件的全部责任应该由性侵犯者承担。

人们对受害儿童的“另眼相待”——无论是批评讽刺还是过度关心，都是对性侵犯事件的恶性延续。

你怎么不反抗啊！
谁让你总是这么晚回家！
你这辈子可怎么办啊！
我的孩子真是太可怜了！

本章小结

儿童性侵犯是父母十分关心的问题。但是预防儿童性侵犯教育的主要教育对象应该是父母。本章主要介绍了关于儿童性侵犯，父母应该知道、应该做到，以及应该教给孩子的事。父母做到位，可以帮助孩子降低一半以上的性侵犯风险。此外，本章还强调了隐私教育的双向性。

7

学会解决自家孩子的问题

儿童性教育其实很简单

为什么解决不了自己的问题

无论是家庭教育还是具体到儿童性教育，很多爸爸妈妈看过许多书也听过很多讲座，但是当自己遇到问题时，却仍旧一筹莫展。

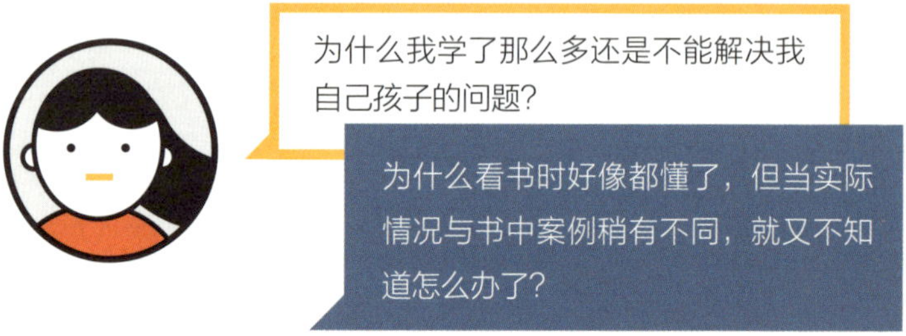

因为**每个家庭、每个孩子遇到的问题都各有不同，**没有一本书或一场讲座能将所有案例囊括其中。

看书学习的方法

1 不要期待立竿见影的解决方案。	理解书中案例的做法，不能生搬硬套地使用。
2 当出现任何问题时，要学会首先思考“为什么”。	为什么我的孩子有这样的情况？是什么原因导致这样的问题？尝试从根本上解决问题。

我们在家庭教育中常常遇到很多“头痛医头”的情况。比如一个 5 岁的小女孩经常哭，一些家长的第一个想法却是去找让孩子不哭的绘本给孩子看，而不是先去仔细想一想，为什么这个小女孩经常哭。

绘本的确可以帮助孩子理解一些道理，但绘本不是万能药，而且即使用药，也需要对症才行。下面是父母发现孩子经常哭时正确思考并行动的一个示例。

1 发现女孩经常哭泣，第一步先进行思考

观察与思考

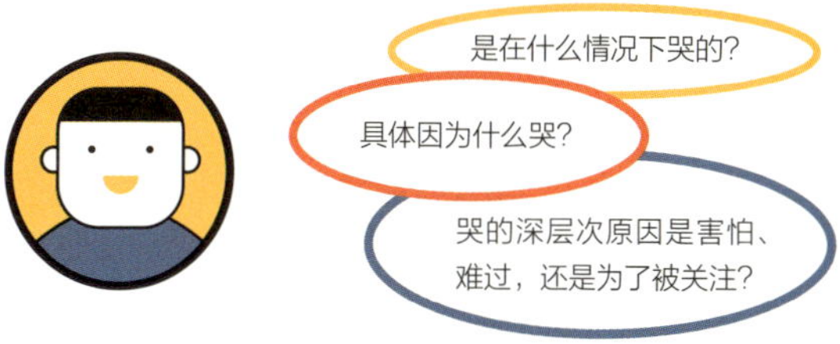

2 注意观察哭泣发生的情况，与孩子耐心交流，分析哭的具体原因

沟通与分析

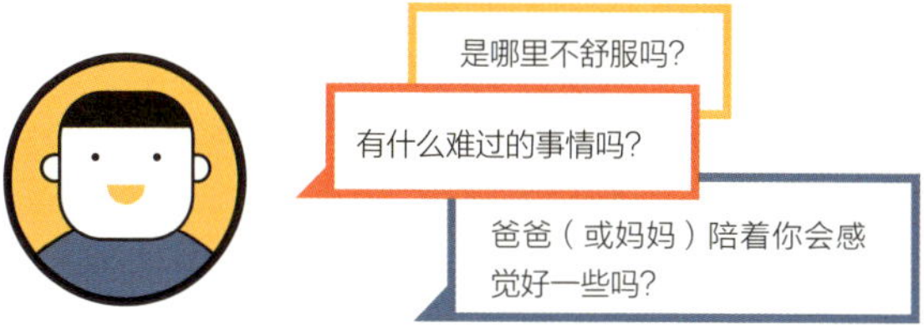

孩子的问题经常是家庭问题的反映，但父母却习惯只在孩子身上找问题。我们一般用“父母有病，孩子吃药”来形容这种荒唐情况。

不要总是急于“解决”问题。**若总是感到搞不懂自己的孩子，那么请先想一想，问题是否出在孩子身上?**

超简单理解儿童性教育

儿童性教育并不难。虽然我们用了 6 章的篇幅来详细讲述了学龄前的性教育，但所有主要问题都是围绕着这两类内容来讨论的：

我自己的事 VS. **我与其他人的事**

我自己的事

我的性别 **我的身体** **我是谁**

处理原则

属于“我自己的事”的部分需要按照孩子的认知发展程度，实事求是地进行讲解。

有了上面的划分方法，我们就可以把大部分儿童性教育的问题通过两步来分析解决。

1. 把问题分类；
2. 分别按照这两类各自的处理原则来解决。

此外，性教育还包括“我与社会的事”，这部分内容更多在小学以后的性教育中凸显出来。孩子的个体行为会逐渐关系到社会，成为社会行为（如婚前性行为需要承担的社会责任等）。

虽然本书所讲的儿童性教育的启蒙阶段并没有太多直接涉及这部分的内容，但这个阶段也是孩子基本性观念塑造的关键时期。

我与其他人的事

隐私界限

尊重

处理原则

属于“我与其他人的事情”的部分要按照“既要保护自己的隐私，也要尊重别人的隐私”的原则处理。

爸爸妈妈最终会发现，只要反复练习，克服自己对性的心理障碍，那么把正确的性知识适时适度（用孩子可以理解的语言，不超出他们疑问的程度）地告诉孩子将是一件很容易做到的事情。

按照恰当的性教育的定义（P023），在讲述正确的性知识的同时，分享自己健康的性价值观，并强调人与人之间“双向”的隐私教育，性教育则会变得简单而有效。

学习拆解具体问题

爸爸妈妈之所以难以运用书中所讲的内容，一般是因为实际问题比较复杂，需要我们学会把一个复杂的问题分解为我们了解的内容，使之成为我们熟悉的知识领域里的问题。

1 小朋友间的“亲密接触”

3 岁的男孩小明喜欢幼儿园同班女孩小红，所以亲了小红的脸，小红的爸爸妈妈要如何处理？

这件事发生在小明和小红之间，所以这首先属于“我与其他人的事”，需要考虑隐私界限以及尊重两个方面。

无论与小红“亲密接触”的人年纪多大，如果此人不在爸爸妈妈所允许的可以亲脸颊的名单（P179）中，爸爸妈妈都需要和小红讨论这个行为是否让她感到不舒服，是否可以允许小明亲脸颊。如果不舒服，小红要拒绝这个行为。

如果小明偶尔为之的这个行为并没有让小红感到不舒服，爸爸妈妈也要关注孩子之间的关系，如小明是否有持续的或其他升级的行为。

从“我自己的事情”角度看，亲吻脸颊可能还涉及小红个人卫生（我的身体）的问题。所以爸爸妈妈要考虑帮助或提醒孩子及时清洗。但不要与“亲吻是不好的行为”联系起来，而是要尽量自然进行。

我们看到小朋友“亲脸颊”时其实会脑补很多其他内容，这是不是骚扰？这么“早熟”的行为会不会影响到我自己的孩子？

不过爸爸妈妈更需要关注的是行为产生的原因以及之后的发展。所以在具体处理这个问题时，父母要多去观察，并自然平和地给予建议。具体操作时，可以这样展开讨论。

1 父母看到，但孩子并没有主动告知时

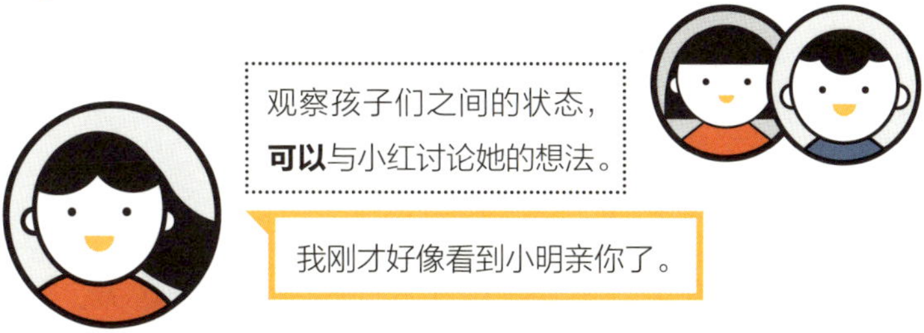

2 孩子主动告知时

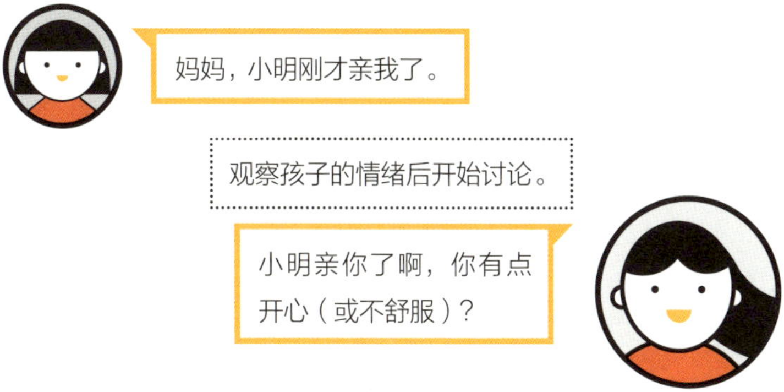

2 如何“对付”爱追问的孩子

5 岁左右的男孩小光是一个好奇心很强的孩子，而且非常喜欢提问题。他在看电视节目《动物世界》时，发现昆虫一上一下地进行交配，马上问妈妈，是不是人类也是这样交配？妈妈并没有直接回答，而是把话题岔开。她觉得，如果继续回答，孩子一定会要求看爸爸妈妈是“如何交配”的。

我们在前 6 章里讲过，孩子的提问需要正面但适度的回答。但是很多父母最担心的事情其实是孩子的追问。那么就让我们一起演习一下这个对答的过程，来看看“尴尬”的问题会出现在哪里，并且如何解决。

妈妈，人类也是这样交配吗？

是的，和人类很相似。

不是所有小朋友都会接着问

爸爸妈妈也是这么交配吗？

是的，有时这样。但爸爸妈妈是因为相爱才这样做的，这点人类和昆虫不一样。

强调相爱是性价值观的体现。

我可以看看爸爸妈妈是怎么做的吗?

对人类来说交配是隐私行为，所以爸爸妈妈不能做给你看。但如果你想了解更多，我们可以一起看看书。

书籍选择的方法可参考 P122

对话进行到这里，我们从“自己的事”（如何交配），又最终回到了“我与其他人的事”（交配是隐私）。

在现代社会的文化认知下，性本身就存在开放和保守的两面性。我们对待性的态度是开放的，但对性行为的态度又是保守的。正因为存在两面性，所以在回答孩子的问题时不容易把握尺度。

越是好奇心强的孩子，越需要了解身体界限及隐私问题。他们的好奇心需要得到正确的引导，而明确告知孩子界限在哪里并不会熄灭和打击孩子的好奇心。

如果在孩子 5 岁以前或更早强调其与父母身体的界限，那么他一般就不会在此时提出要看“爸爸妈妈如何做”这样的要求。所以，性教育不只是回答几个问题，而是一种长期的观念养成的过程。

看电影学性教育

电影让一些故事更直接地展现在我们面前。那些动人的电影总有能引起思考的部分，其中一些讨论的是与性教育有关的问题。

1 反正男孩不吃亏？

《早熟》：这部由尔冬升执导的电影讲述的是，男孩家富（房祖名饰）与女孩若男（薛凯琪饰）在 18 岁时偷吃禁果，女孩因此怀孕。当她偷偷把孩子生下来后，两个人的人生也都改变了。

一些父母始终对男孩的性教育抱有侥幸心理。他们认为即使发生什么意外，男孩也不吃亏。

我们可以把吃亏定义为“打胎”带来的身体和心理上的伤害。然而，只有女孩会受到影响吗？男孩当然也一定会受到心理上的谴责。这种心理上的影响是男女双方都要面对的。

如果把孩子生下来，两个人结婚就不再有任何问题吗？

在不具备独立生活的能力前，生活的压力会让两个人都被迫成长，他们只能共同面对养育的责任，虽然他们也只是孩子。如果生下的孩子由没有准备好的家庭抚养，家庭教育也会面临许多问题。早孕事件一旦发生，则不仅是女孩和男孩的事情，更是两个家庭的事情。所以片中若男在经历这些后说：“原来浪漫并没有那么容易。”

强调延迟初次性行为的时间，并进行安全性行为，这一点不只是有女孩的家庭需要重视，养育男孩的家庭更要告诉孩子：要对自己的行为负责，不要做无法承担后果的事情。

此外，性侵犯事件发生在男孩身上的案例同样很多，性侵犯者有男性也有女性。一些性侵犯者儿时也是性侵犯的受害者，因此对男孩的性教育是，既要保护好孩子，也不要让孩子伤害别人。

2 当孩子遭遇“爱情”

《信笺故事》：电影由导演自己的真实经历改编。詹妮弗在年近五十岁的时候发现自己在13岁时写的日记。日记中记录了她记忆中的一段爱情故事。但是当她重新阅读日记时却发现，自己的记忆与实际情况出现严重偏差，与她“谈恋爱”的教练其实一直在对她进行洗脑。教练在诱导詹妮弗与其发生性行为时，给詹妮弗留下巨大心理阴影，但是年幼的詹妮弗仍旧让自己相信这是因为“爱情”。

我们常常想象的性侵犯大都是有明显的身体伤害，而且是孩子在被动的情况下发生的。然而事实上，很多性侵犯是在“爱”的名义下包裹进行的。大部分未成年的孩子在对人与事的认知上不成熟，很容易被言语诱导，没有对自己行为负责的能力（哪怕是很多成年女性，也因为缺乏思考能力而被有目的的人哄骗）。

电影中的詹妮弗就是这样一步步走入教练设计好的陷阱，逐渐相信教练对她的感情就是爱情。在这一过程中，教练不断给予自卑的詹妮弗格外关注，并且离间詹妮弗与父母的感情，同时灌输如“一夫一妻制是扼杀人类本性”等价值观。

其实教练所做的事情正是父母应该进行的性教育。如果父母在发现詹妮弗自卑时及时地给予情感支持，并且经常与詹妮弗进行关于性价值观（包括婚姻观等）的讨论，詹妮弗将不会如此轻易地掉入教练的情感陷阱。

电影中詹妮弗也曾在作文中写过自己与教练的事情，但是老师只做了简单的回复。就连詹妮弗的父母其实也曾发现女儿与教练之间似乎不那么正常，但是过问一句后就抛在了脑后。

这种长期性侵犯的发生，更多责任在于家庭与父母。性教育并不只是知识的教育，而是爱的教育。

6 岁以后的性教育

本书的内容主要围绕 6 岁以前的儿童性教育。这个阶段的性教育内容虽然不多，却非常关键，值得用一本书专门去讲述。

6 岁以后的性教育理论上应由学校与家庭共同完成，因为小学以后的生活逐渐进入社会化状态。如果学龄前的性教育做得到位，那么 6 岁以后的性教育会更加顺利。至少爸爸妈妈与孩子关于性的沟通没有障碍，此后也会一如既往地关注孩子的身心成长。

6 岁以后的孩子还会经历最重要的时期——青春期，所以在此之前我们需要为此做好心理准备。

在 6 岁到青春期前这个阶段，性教育课程应该更系统地让孩子认识自己的身体，并在此基础上慢慢告诉孩子他们可能已经面对的，或者即将面对的生理上的变化，以及这些变化意味着什么。

如果爸爸妈妈能够分享自己是如何度过这个时期的，对孩子将更有帮助，哪怕自己的经历慌张而愚蠢。

电影《小偷家族》中有一段父子关于青春期性教育的对话场景，非常值得爸爸妈妈学习：

> 全家一起去海边玩时，爸爸阿治看到儿子祥太盯着姐姐亚纪的胸部看，并没有当面揭穿。而是趁着他们两个人一起在海里玩的时候告诉祥太，男人都喜欢胸部，青春期以后男孩的晨勃也是正常现象。祥太的心病因此得到治愈。

在这段对话中，爸爸不仅委婉回答了儿子心中对青春期生长发育的困惑，同时也传递了自己的性价值观。虽然他们没有严肃地讨论“性”问题，但却在生活中很自然地进行了性教育。

随着孩子慢慢长大，他们需要了解的性知识会因为成长而不断更新，我们也将有机会和他们讨论更多复杂的问题，分享更多的性价值观。我们在第 3 章写到，青春期是一个人形成成年后的性别认同（P52~53）的关键时期。这一过程是孩子将自己的价值观与社会的价值观相融合的过程，会充满困惑，所以也需要父母的帮助。在青春期向成人期过渡的日子里，我们还要在和孩子**强调推迟初次性行为的前提下，普及如何做到安全性行为**。尽管 18 岁在法律意义上已经成人，但如今很多大学生却常常因为性教育缺乏而做出缺乏常识的事情，比如集体去割包皮，或者对安全套带有幼稚的偏见。这些都需要父母给予关注。

其实，6 岁前后性教育的基本的理论框架是相似的。恰当的性教育都是包括这几个方面：正确的性知识、健康的性价值观、多样化的教育手段。当我们掌握了性教育基本原理，就可以用自己的方式进行儿童性教育。

最后，希望这本书可以帮助爸爸妈妈更加科学地面对本书以外的家庭教育课题。

本章小结

本章将前6章所学内容融会贯通，总结出解决一般性教育问题的“两步法”。希望帮助父母学会分析问题，并灵活运用本书理论，妥善解决自己孩子的问题。本章最后简单介绍了6岁以后的性教育问题。通过0~6岁家庭性教育，父母和孩子都将具有良好的基础去面对孩子青春期的到来。

主要参考书目与资料

1. 本书的理论框架主要依据由联合国教科文组织（UNESCO）委托编写、2010 年出版的《国际性教育技术指导纲要》，以及美国早期儿童性教育工作组（Early Childhood Sexuality Education Task Force）1998 年所编写的 *Right From the Start: Guidelines for Sexuality Issues Birth to Five Years*。这两份纲要围绕全面性教育展开。本书依据纲要中的指导原则之一，即根据国情及社会文化，对具体实施部分做了阐述。
2. 本书的心理学理论及实验部分主要参考《性心理学》（第 8 版）（格雷 · F. 凯利著，2011 年，上海人民出版社）。这本书非常专业且全面地介绍了性心理学，适合对性心理学有更深一步研究需求的读者阅读。
3. 本书中关于弗洛伊德的理论部分主要参考《性学三论与爱情心理学》（弗洛伊德著，2013 年，武汉出版社）。
4. 本书中关于儿童亲密关系的论述主要参考《儿童心理学》（鲁道夫 · 谢弗著，2010 年，电子工业出版社）和《亲密关系（第 6 版）》（罗兰 · 米勒著，2015 年，人民邮电出版社）。前者是一本非常适合作为儿童心理学入门的专业图书。后者内容本书虽然涵盖较少，但书中对亲密关系有着更加完整和有趣的研究，值得感兴趣的读者深入阅读。
5. 《善解童贞 1：0~6 岁孩子的性发展与性关怀》（胡萍著，2016 年，江苏凤凰科学技术出版社）是一本非常适合大众读者阅读的儿童性教育图书。该系列图书共有 5 册。本书与其最主要的区别有两方面，一是本书试图探讨各种指导原则的深层次原因，让读者理解，并选择适合自己的方式；二是本书不做过多具体案例的讲解，而在最后总结出解决一般问题的基本方法。

6. 《性心理学》（霭理士著，1999 年，商务印书馆）虽然翻译自霭理士 20 世纪 30 年代的著作，但其中的思想在今天看来却不落后。 这本书系统阐述了霭理士的性学观念，对本书在很多实际操作方面给出了参考。
7. 本书关于性教育尤其是裸体部分的内容参考了《性与社会》（霭理士著，2016 年，商务印书馆）。在这本书中霭理士对这个问题有更加系统的阐述。
8. 本书关于离乳部分内容主要参考《爱、罪疚与修复》（梅兰妮·克莱因著，2017 年，九州出版社）。书中对婴儿心理的成长变化进行了详细论述，易于理解，并对父母如何帮助孩子给出了指导。
9. “可教时刻”的概念主要参考了《从尿布到约会（尿布卷）》（黛布拉·哈夫纳著，2004 年，接力出版社）。这一概念使所有可以用来进行性教育的时刻有了统称。对具体可教时刻的选择，本书有自己的诠释。这本书目前也有新的版本:《从尿布到约会:家长指南之养育性健康的儿童》（黛布拉·哈夫纳著，2018 年，上海社会科学院出版社）。这本书在个别问题上可能存在与我国文化传统不太相适应的情况，但总体而言，它可以帮助国内读者对性教育有全新的认识。
10. 本书第 6 章关于性侵犯的定义及分类部分主要参考了《综合防治儿童性侵犯专业指南》（龙迪著，2017 年，化学工业出版社）。这是一本主要针对儿童性侵犯防治的专业书籍，内容十分翔实。
11. “哈洛的代理猴妈妈”实验部分参考了《心理学之书》（韦德·E. 皮克伦著，2016 年，重庆大学出版社）。这本书对心理学发展史上的主要事件按照时间顺序进行了梳理，是一本不错的心理学科普书。
12. P135 最后一句“我们不一样，我们都很棒”出自《金子美铃童谣集》（金子美铃著，魏雯译，2017 年，中信出版社）中的诗歌《我和小鸟和铃铛》。音乐人程璧也发行过这首诗的同名音乐专辑，非常好听。阅读诗歌，甚至聆听好听的歌曲，都可以传递一种性价值观。

13. 《和孩子谈谈性 :2~12 岁性教育读本》(罗莉·伯金坎，史蒂夫·阿特金著，2013 年，中国人口出版社)和《亲亲孩子谈谈性》(胡萍著，2013 年，译林出版社)这两本书中也有一些具体案例，可以作为父母的阅读参考。

14. 《漫画我们的性》(拉里·戈尼克，克里斯汀·德弗尔特著，2011 年，华夏出版社)用漫画形式讲述性知识，可以作为孩子青春期的性知识读物，不过更建议对性教育不了解的父母先自己阅读学习。《男孩女孩的第 1 本身体书》(赫立本摄，赫尔姆斯撰文，2015 年，广东教育出版社)和《女孩指南：动感青春期 50 课》(玛拉瓦·易卜拉欣文，西内姆·埃尔卡什图，2019 年，甘肃少年儿童出版社)适合作为孩子青春期前及青春期的读物。德国和英国这类图书擅长用实物照片做形象化的表达，非常直观有趣。

15. 纽约时报畅销书系列：*It's NOT the Stork: A Book about Girls, Boys, Babies, Bodies, Families and Friends; It's So Amazing!: A Book about Eggs, Sperm, Birth, Babies, and Families; It's Perfectly Normal: Changing Bodies, Growing Up, Sex, and Sexual Health.* 这三本书按照读者年龄进行划分，用幽默的漫画形式系统详细讲述了和性教育有关的内容，分别适合 4~7 岁、7 岁至青春期以及青春期以上年龄的孩子阅读。

每位图书撰写者受到的社会文化的影响各不相同，父母在选择参考图书时，请务必先自己阅读，了解内容的范围、深度以及适用性，然后再根据孩子及自己家庭实际情况来使用。